The Fish in the Fountain

A Story of Baptism

🐟

El Pez de la Fuente

Un Cuento Acerca del Bautismo

Written and Illustrated
by
Susan Andrews Brindle
Miriam Andrews Lademan
inspired by
Philip Lennox

Traducido al español por
Carmen Ana Emmanuelli Klosterman

Published by
Precious Life Books, Inc.
New Hope Publications • New Hope, KY 40052
1-800-728-5945

John and Miriam Lademan with Father John McFadden
on Daniel Brindle and Mary Lademan's
First Holy Communion Day.

ISBN 1-889733-05-8
Copyright 1997 by Susan Andrews Brindle and Miriam Andrews Lademan
Second Printing 2000

All rights reserved. With the exception of short excerpts for critical reviews, no part of this book may be reproduced or transmitted in any form or by any means, electronic or mechanical, including photocopying, recording, or by any information storage or retrieval system, without permission in writing from the publisher.

Published by
Precious Life Books, Inc. • New Hope Publications • New Hope, KY 40052
1-800-728-5945

PRINTED IN THE UNITED STATES OF AMERICA by
Catholics United for Life
3050 Gap Knob Road, New Hope, KY 40052

Cover and text illustrations by the authors
Layout by Gwen Blandford Mattingly

Dedication

Written out of love and gratitude to our Dear Lord for this Most Beautiful Sacrament

We dedicate this book to Almighty God – Father, Son and Holy Spirit, to Blessed Mary ever Virgin, Mother of our Lord and Savior, Jesus Christ.

With deep appreciation to our dear spiritual director Father John McFadden. We gratefully acknowledge Fred Dyer, Theo Stearns, Carmen Ana Klosterman, Bob and Lisa Ciola, and Peter and Dana Lennox.

Dedicatoria

Escrito en acción de gracias a Nuestro Señor por tan Preciosísimo Sacramento.

Le dedicamos este libro a Dios Todopoderoso – Padre, Hijo y Espíritu Santo, a Santa María, siempre Virgen, Madre de Nuestro Señor y Salvador, Jesucristo

Con profundo agradecimiento a nuestro director espiritual, Padre John McFadden. También queremos reconocer a Fred Dyer, Theo Stearns, Carmen Ana Klosterman, Bob y Lisa Ciola, y Peter y Dana Lennox.

Ad Majorem Dei Gloriam

🦋 Beside the church there was a beautiful garden, and in the middle of the garden was an old concrete fountain. All the birds nearby loved to flock around it, for it made a wonderful birdbath. The little butterfly who lived in the church also loved the church garden and fountain. To her there was no lovelier spot on earth. She was not only close to Dear Jesus in the church, but nestled amongst the flowers were the Stations of the Cross and a little shrine of Mary, Jesus' Mother, which was covered with the most beautiful roses she had ever seen.

The little butterfly loved to sit amongst the flowers or upon the concrete fountain, listening to the steady trickle of water as she thought about how wonderful it was to have a heavenly family. Not only had God the Father given mankind His only Son, who died for them, and the Holy Spirit to guide them, but He also gave them a heavenly Mother. Mary, who was human just like them, would lead mankind to her Son and teach them how best to love Jesus, for no one loved Him more than she. The little butterfly reflected upon this and decided that no one should ever be lonely or feel unwanted if only they realized how easy it was to become part of this heavenly family.

🦋 *Al lado de la iglesia, en el jardín, había una vieja fuente de hormigón que chorreaba continuamente. Los pajaritos se reunían a su alrededor, pues era magnífica para bañarse. A la mariposita que vivía en la iglesia también le gustaba mucho el jardín y la fuente. Para ella no había lugar más bello en toda la tierra. No sólo estaba cerca del Buen Jesús en la iglesia, también había un Vía Crucis y una estatua de la Virgen María, la madre de Jesús, rodeada de las rosas más bellas.*

A la mariposita le gustaba mucho sentarse entre las flores o sobre la fuente, oyendo el chorrear del agua y pensando qué bueno era tener una familia en el cielo. Dios Padre no sólo le dió Su único Hijo a la humanidad, y el Espíritu Santo para que la guiara, además le dio una Madre celestial. María, quien era humana también, llevaría a la humanidad hacia su Hijo y le enseñaría a amarlo, pues nadie Lo ama más que ella. Al reflexionar sobre esto, la mariposita comprendió que nadie se sentiría solo ni desamparado si se percatara de lo fácil que era pertenecer a esta familia celestial.

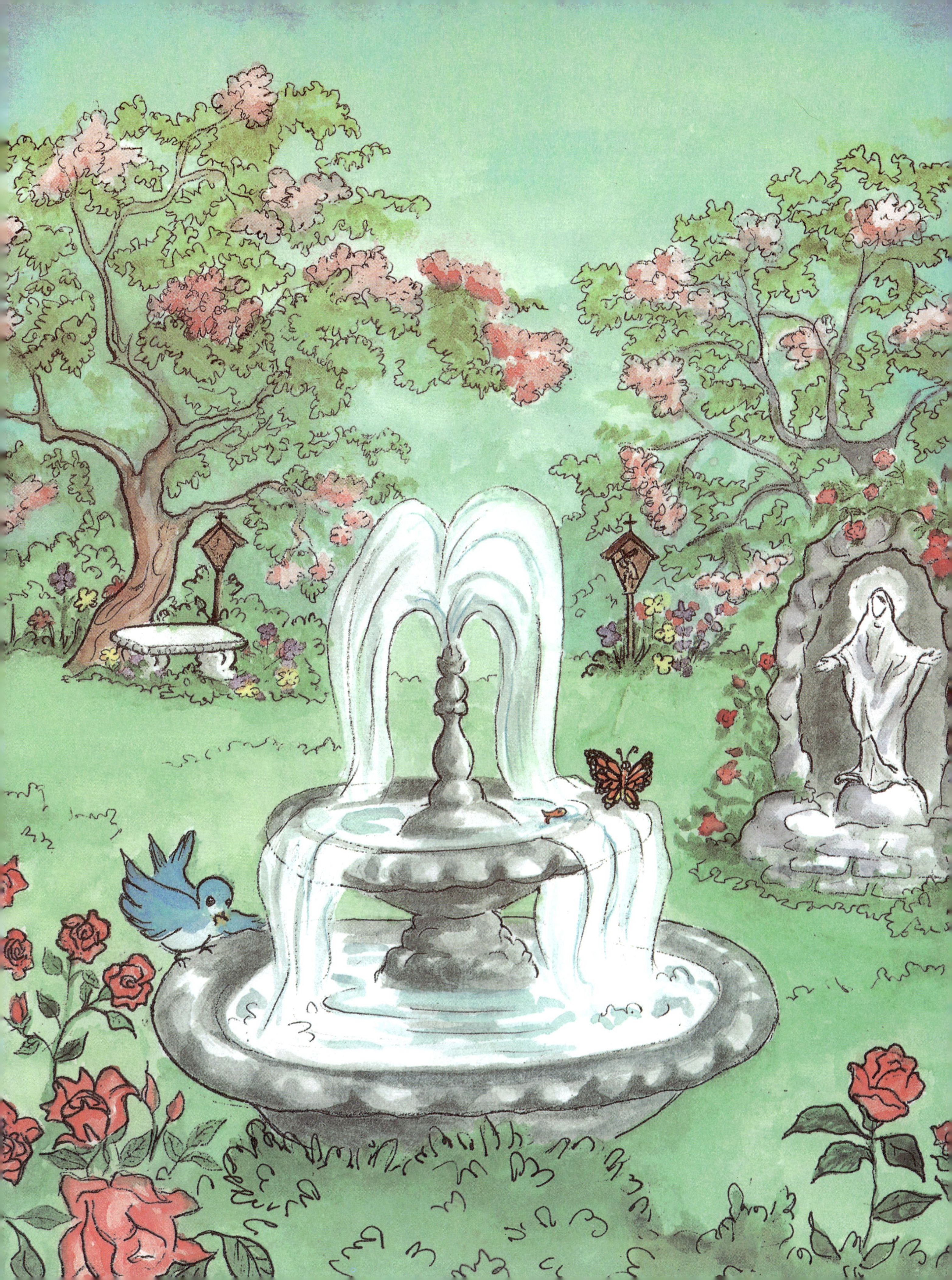

🦋 On this particular spring day, the little butterfly gazed first upon the statue of Mary, then upon the Stations, the fourteen markers following the Way of the Cross. She sighed with sadness and love to look upon the sorrowful and painful journey Jesus made for love of His people. But soon her heart filled with gladness, praising God, for it was through this journey of the Cross that the glory and triumph of Jesus' Resurrection came about. Soon the purple Lenten cloth, which was draped over the marble crucifix in the church, would be taken down and the sorrow of Holy Week — the prayer, fasting and penance, would give way to the joy of Easter! The church would be filled with flowers and music to celebrate the greatest triumph in history — Jesus' Resurrection! The little butterfly's wings quivered with joy and expectation!

🦋 *En este día de primavera, la mariposita contemplaba, ahora la estatua de la Virgen, ahora las estaciones que marcaban el camino a la Cruz. Suspiró llena de amor y tristeza al pensar en el doloroso camino que tomó Jesús por amor a su pueblo. Pero pronto su corazón se llenó de alegría, dándole gracias a Dios, pues, mediante este camino a la Cruz, vino el triunfo y la resurrección de Jesús. Pronto cubrirían con un manto púrpura el crucifijo de mármol, pero la tristeza de la Semana Santa, las oraciones, el ayuno y la penitencia, darían paso al gozo del domingo de Pascua y Resurrección. ¡Pronto, la iglesia se llenaría de flores y música, celebrando el mayor triunfo de la historia - la resurrección de Jesús! ¡Las alas de la mariposita temblaban de anticipación y alegría!*

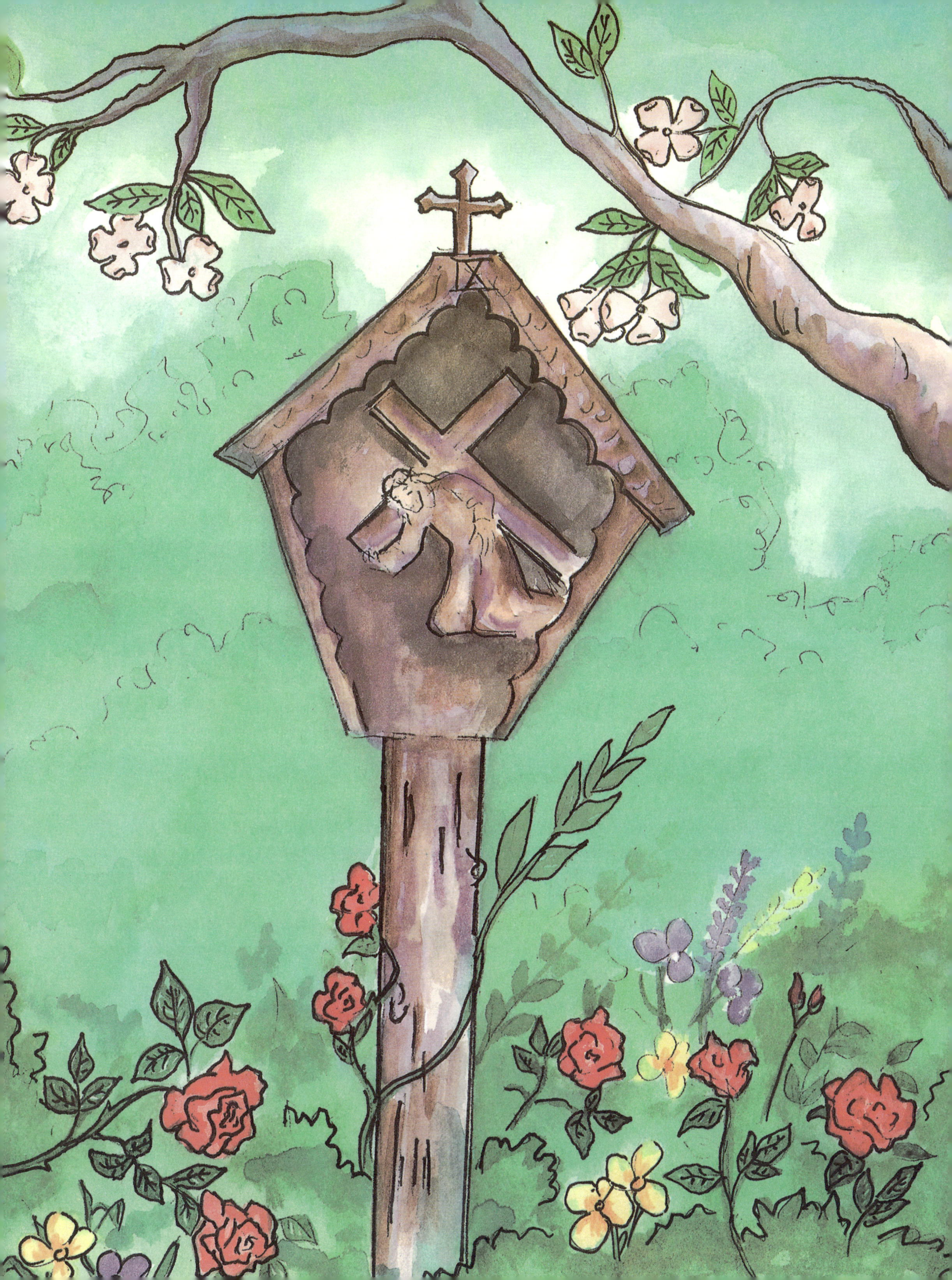
IX

🦋 Just then, the little butterfly heard a tiny splash in the water below her. Being a butterfly, she was able to hear the smallest noises, even those which others would miss. It was a tiny goldfish, much smaller even than she.

"Hello, butterfly!" a lively voice called out. "My name is Philip — Philip the fish. What are you doing there?"

The little butterfly smiled brightly, for the tiny fish was new here and she was always glad to see a new face. She soon found that this little Philip the fish was something special. He was filled with joy just to be alive. Being a little boy fish, he loved to jump and splash in his new home.

The little butterfly enjoyed Philip so much that soon she found herself telling this little fish all about Jesus. The little fish's eyes twinkled with excitement and delight when he heard about Jesus and the little community of animals living in the church.

🦋 *De pronto, la mariposita oyó un chapoteo en el agua de la fuente. Siendo mariposa, podía oir ruidos leves. Era un pececito de agua dulce, mucho más pequeño que ella.*

— ¡Hola, mariposa! —llamó una voz alegre— Me llamo Felipe, Felipe el pez. —¿Qué haces ahí?

La mariposita sonrió alegremente, pues el pececito recién había llegado y a ella siempre le gustaba ver una cara nueva. Pronto se dio cuenta de que este pez Felipito era muy especial. Estaba lleno de alegría de vivir y, siendo varón, le encantaba brincar y chapotear en su nuevo hogar.

La mariposita estaba tan encantada con Felipe que se encontró contándole todo acerca de Jesús. Los ojitos del pececito brillaban llenos de entusiasmo y deleite al saber de Jesús y de la comunidad de animales que vivía en la iglesia.

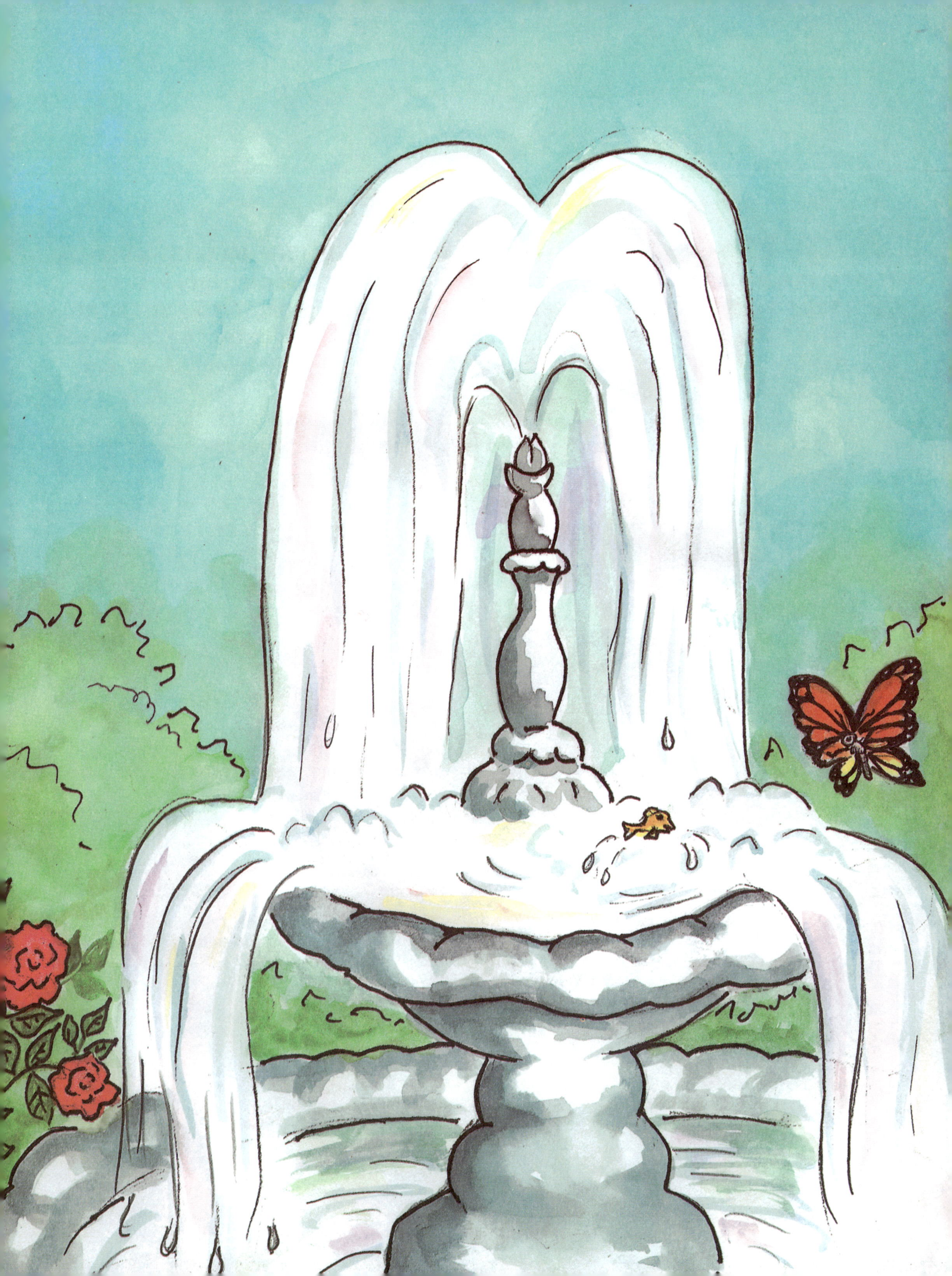

🦋 Philip began to wait anxiously for the little butterfly's visits and especially for the stories she would tell. His favorite story was how Saint Peter the Apostle stopped catching fish and became a "fisher of men." The little butterfly told Philip how St. Peter was chosen by Christ to be the Rock of the Church — to be the first Pope who would lead and guide the Church after His death.

It seemed that the more the little butterfly told Philip, the more he wanted to hear. Each time she told him something, his question was, "But why?"

So before the little butterfly knew it, she was starting at the very beginning. She told him about the Blessed Trinity, the three Persons, the Father, Son and Holy Spirit, in one God.

"Philip, God always has been and always will be. He can do all things and knows all things. He is all-just, all-merciful, and, most of all — all-loving!" She exclaimed, "God created everything: the sun, the moon, the stars, the fish and animals and mankind!"

🦋 *Felipe esperaba ansioso las visitas de la mariposita, especialmente sus cuentos. Su historia favorita era la de San Pedro, quien dejó de pescar peces y se convirtió en "pescador de hombres". La mariposita le contó a Felipe cómo Cristo escogió a San Pedro para ser la Piedra de la Iglesia- el primer Papa, quien dirigiría la Iglesia cuando Jesús ya no estuviera con ellos.*

Parecía que mientras más ella le contaba, más él quería saber. Cada vez que le decía algo, Felipe contestaba: — Y, ¿por qué?

Así pues, casi sin de darse cuenta, la mariposita estaba comenzando por el principio. Le contó sobre la Santísima Trinidad, las tres personas: Padre, Hijo y Espíritu Santo, en un sólo Dios.

— Dios siempre ha sido y siempre será. Puede hacerlo todo, lo sabe todo, es todo justo, todo misericordioso y, sobre todo, ¡todo amor!

Le contó a Felipe cómo Dios lo había creado todo: el sol, la luna, las estrellas, los peces, los animales y los hombres.

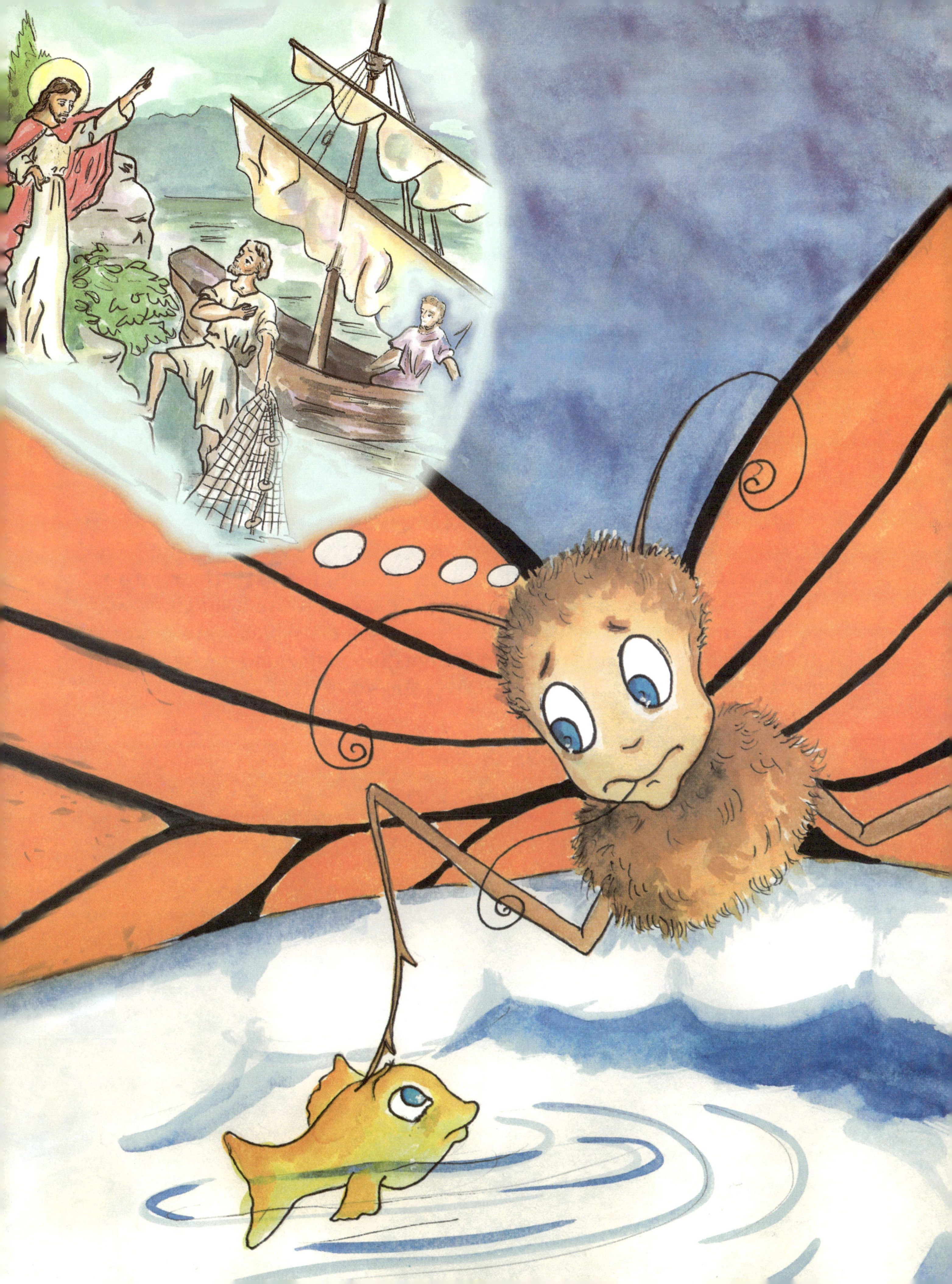

🍎 The little butterfly told him about the beautiful paradise that God had given Adam and Eve and the greatest gift of Sanctifying Grace, God's own life in their souls. She then told how the serpent had tricked them into sinning, disobeying God.

Little Philip could not believe it. "How could they have disobeyed God, who was so generous to them, who loved them and gave them everything?" he shook his head sadly. "So they lost paradise and all that God had given them?"

"They deserved to," said the little butterfly, "but God still loved them and felt sorry for them. God promised that someday He would send a Savior who would save mankind from their sins and open the gates of Heaven for them."

"That's Jesus!" the little fish interrupted excitedly.

The little butterfly smiled, "Yes. You see, ever since Adam and Eve's first sin, every human being born has the stain of that first sin on his soul, called Original Sin. And no one can enter Heaven with this sin on his soul. Also, because they had lost Sanctifying Grace, it was very hard for mankind to be good, so they began committing worse and worse sins. The world truly was in darkness until Jesus came to earth."

🍎 *La mariposita le dijo del paraíso maravilloso que Dios le había dado a Adán y Eva y del don grandioso que es la gracia santificante: la vida de Dios mismo en sus almas. También le contó cómo la serpiente los había engañado y habían pecado, desobedeciendo a Dios.*

¡Felipe no lo podía creer!

— ¿Cómo pueden haber desobedecido a Dios, quien fue tan generoso con ellos, quien les amó y les dio todo? —sacudió la cabeza lenta y tristemente.— ¿Y así perdieron el paraíso y todo lo que Dios les había dado?

— Se lo merecían —dijo la mariposita.— Pero Dios aún los amaba y se compadeció de ellos. Les prometió enviar un salvador que rescataría a la humanidad de sus pecados y abriría las puertas del cielo.

— ¡Ese es Jesús! —interrumpió el pececito.

—Sí, Dios Hijo —sonrió la mariposa.— Ves, desde el primer pecado de Adán y Eva, cada ser humano nace con una mancha en el alma, llamada Pecado Original. Nadie puede entrar al cielo con este pecado en el alma. Además, porque perdió la gracia santificante, era para la humanidad muy difícil ser buena, y se cometían pecados peores cada vez. El mundo estaba en una gran oscuridad hasta que vino Jesús.

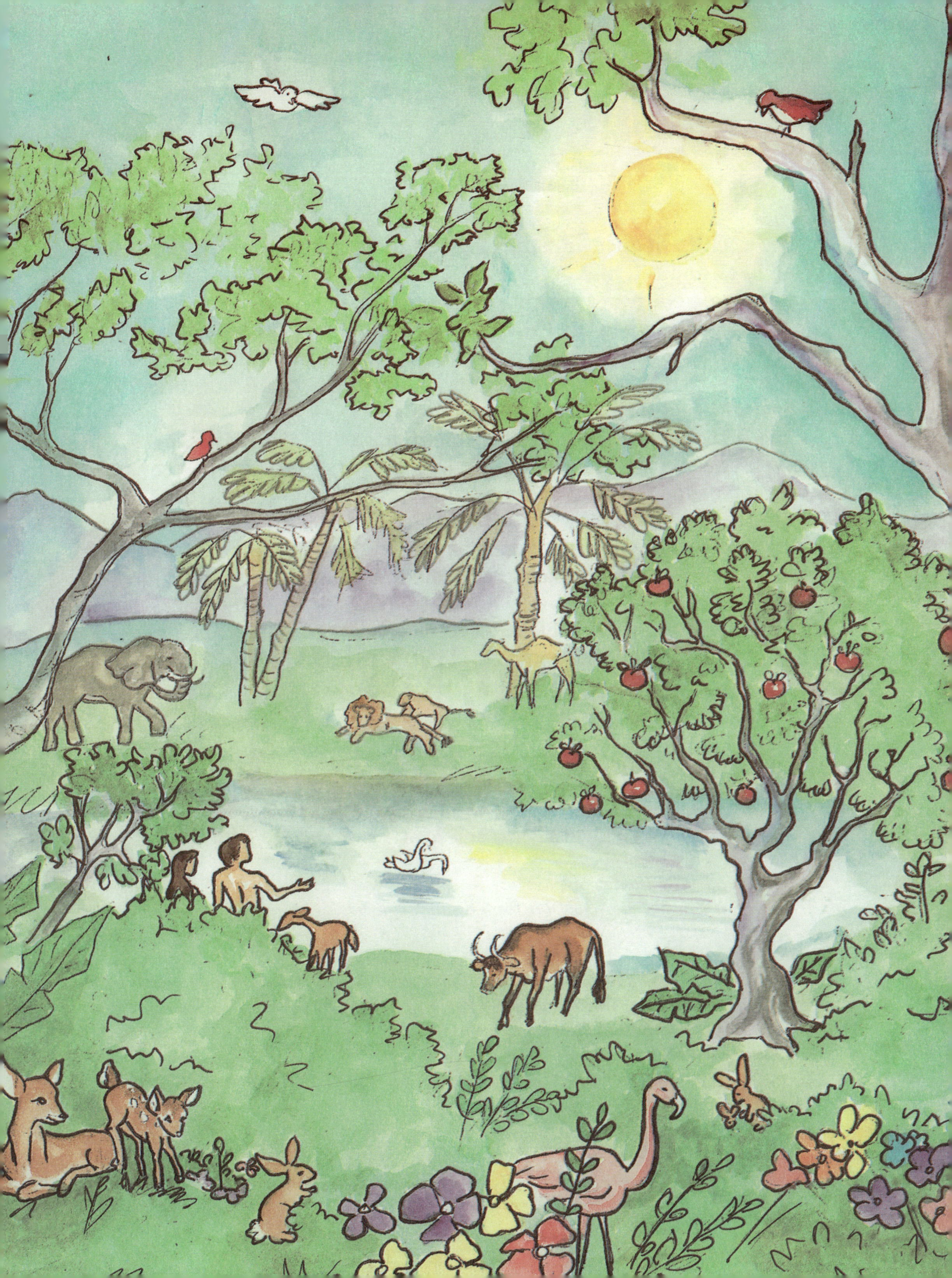

🍎 Philip begged to hear more, and the little butterfly promised to come back and tell him everything. The little butterfly was true to her word. She came back every chance she got.

The next day, when the little butterfly came to visit Philip, she found him very sad. When she asked him why, he said that he wanted to be able to live in the church, to see dear Jesus and experience all the things the little butterfly had told him about.

The little butterfly tried to console him, "Little fish, Jesus, our God, is everywhere. You do not have to be in the church for Him to hear you. Besides, you cannot live out of water. You must stay here in the fountain."

Big tears welled up in Philip's eyes, for he was still a very little fish. "It's not the same. I hate the water!" he cried. "Why can't I be like other animals so that I can live with you and the others in the church?"

The little butterfly gasped, "No, little fish, you must never say that! Without water there is no life! God made the water, and God made you a fish because that is the way you can give Him the most glory."

🍎 *Felipe pedía oir más y la mariposita le prometió volver y contárselo todo. Al pasar los días, la mariposita, fiel a su promesa, volvía siempre que podía.*

Un día, la mariposita encontró a Felipe muy decaído. Al preguntarle por qué, él dijo que quería poder ir a la iglesia para ver a Jesús y vivir todo lo que la mariposita le había contado.

La mariposita trató de consolarlo:

—Pececito, Jesús nuestro Dios, está en todas partes, y no tienes que estar en la iglesia para Él verte y oírte. Además, no puedes vivir fuera del agua. Debes quedarte aquí, en la fuente.

Grandes lágrimas asomaban a los ojos de Felipe, quien era aún muy niño:

—No es lo mismo. ¡Odio el agua! ¿Por qué no puedo ser como otros animales para poder vivir contigo y con ellos en la iglesia?

La mariposita se espantó y dijo:

— ¡No, pececito, nunca debes hablar así! Dios hizo el agua y te hizo un pececito maravilloso para que puedas mejor darle gloria.

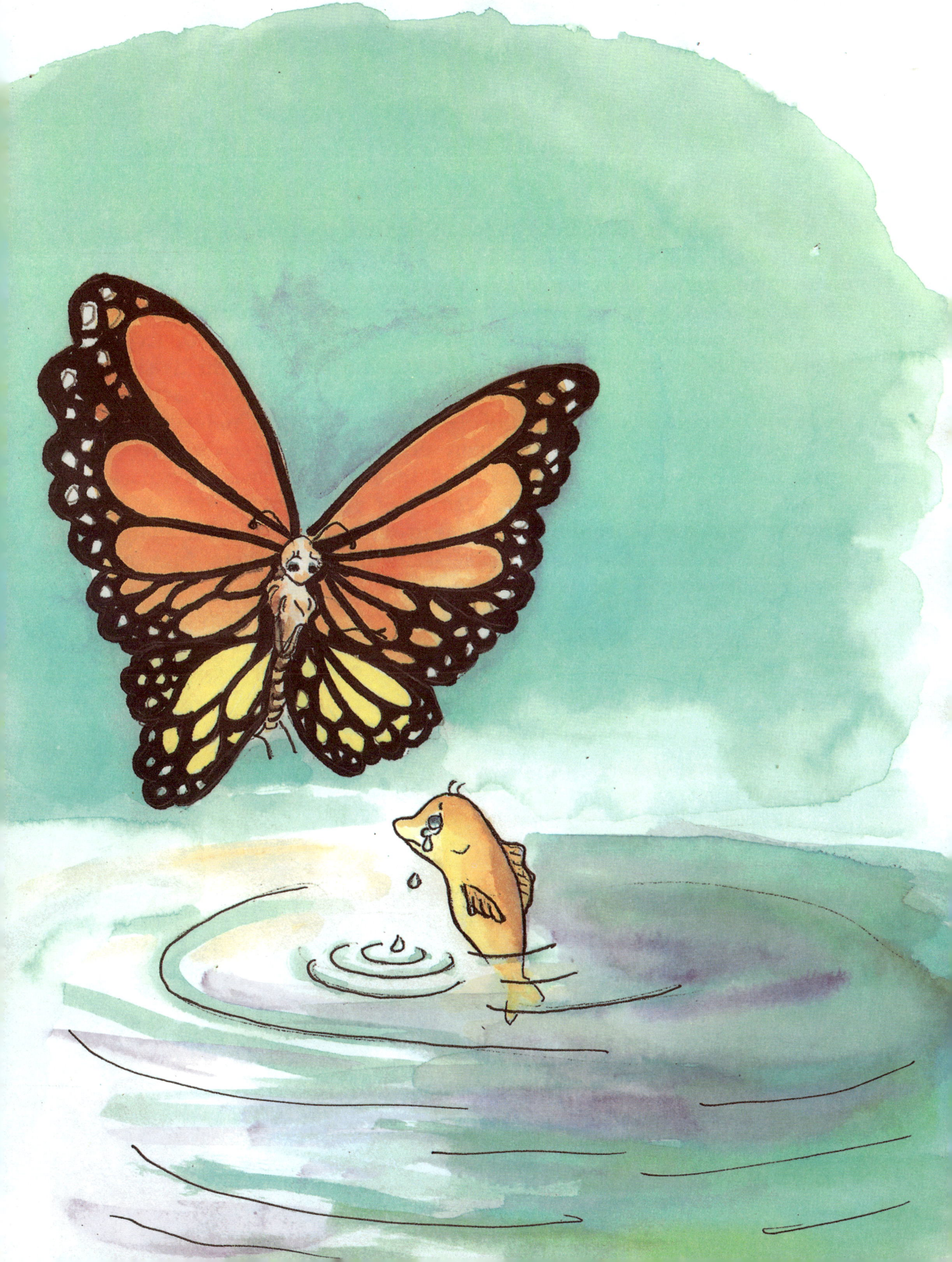

🐟 The little fish's body shook as he tried to stifle a sob. The little butterfly smiled gently, "Philip, God knows everything that is in your heart and He truly understands, because He made you. He knows that you can find perfect happiness in being just what you are, as long as you love Him."

Philip nodded his head, but the tears kept flowing and dropped one by one into the water of the fountain. The little butterfly had an idea.

"Little fish, water is one of the most wonderful things on earth. God made the water to be a symbol of life — nothing on earth can live without it. Remember when I told you about Original Sin? How the gates of Heaven were closed for thousands and thousands of years because of Adam and Eve's sin? Well, when Jesus, the Savior, came, He told His followers that no one could enter Heaven unless they be born again of water and the Spirit through Baptism. Jesus then told His Apostles to go forth and baptize in the name of the Father and the Son and the Holy Spirit. And when John the Baptist baptized Jesus, the sky opened up and the Holy Spirit came down upon Jesus in the form of a dove with the words from Heaven, 'This is My Beloved Son, upon whom My favor rests.'"

🐟 *El cuerpo del pececito temblaba, tratando de contener el llanto. La mariposita sonrió tiernamente:*

— Felipe, Dios conoce todos los anhelos de tu corazón y te comprende, pues Él te creó. Él sabe que puedes encontrar la mayor felicidad siendo justo lo que eres, siempre que Le ames.

Felipe asintió con la cabeza, pero seguía llorando. Sus lágrimas caían una a una en la fuente. La mariposita tuvo una idea:

— Pececito, el agua es una de las maravillas del mundo. Dios hizo el agua como símbolo de vida. Nada puede vivir sin ella. ¿Recuerdas cuando te conté del pecado original? ¿Recuerdas que las puertas del cielo permanecieron cerradas por miles de años por el pecado de Adán y Eva? Cuando Jesús, el Salvador, vino, le dijo a sus discípulos que nadie podía entrar al cielo a menos que volviera a nacer del agua y el espíritu, mediante el bautizo. Jesús entonces les dijo que fueran y bautizaran en el nombre del Padre, del Hijo y del Espíritu Santo. Y cuando San Juan Bautista bautizó a Jesús, el cielo se abrió y el Espíritu Santo descendió en forma de paloma y dijo: "Este es mi querido hijo, en el que tengo puesta toda mi complacencia."

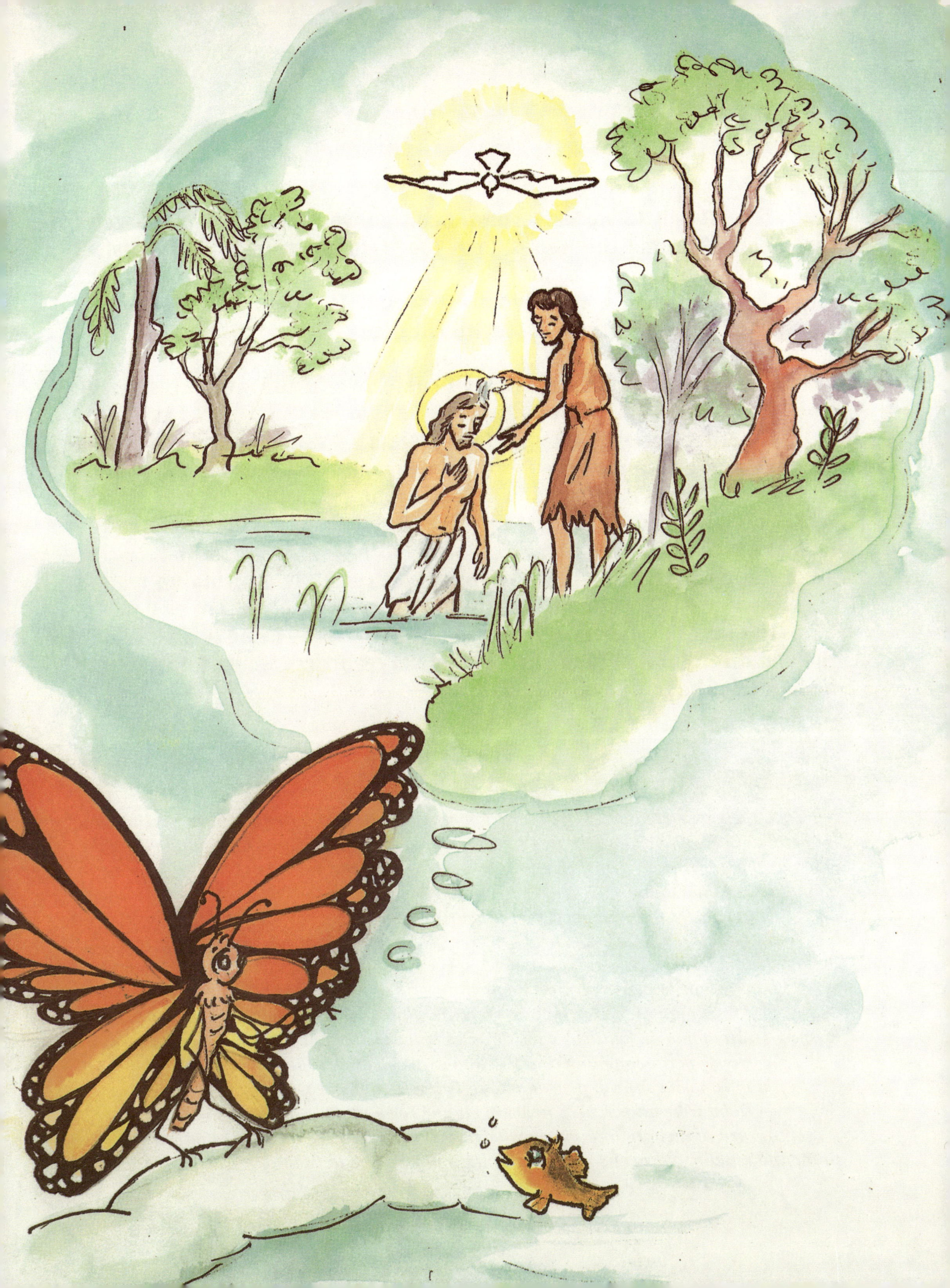

The little butterfly continued, "So, you see, it's through water that people become children of God. The stain of Original Sin is washed away and they receive Sanctifying Grace, which had been lost. What's more, as children of God, they have a wonderful inheritance from their Father. A beautiful Heaven awaits His children!"

At this the little fish's eyes became dry and he smiled, "Thank you, butterfly. You're right. But perhaps I could live in the water, inside the church. Isn't there any water inside?"

The little butterfly thought for a moment. "Yes, there is a sink in the sacristy, where the priest prepares for Mass, and there are holy water fonts and the Baptismal font. But how will you ever get inside?"

"I don't know, but I must try," the little fish said with a determined look about him.

The butterfly smiled. Little Philip was certainly growing up fast. "I must go now, but I will be trying to find a way to help you."

The next day, however, when the little butterfly came to visit Philip, she couldn't find him, and she became very worried. He was nowhere to be found in the fountain.

La mariposita continuó:

— Ves, es mediante el agua que los hombres se convierten en hijos de Dios. La mancha del pecado original se lava y reciben la gracia santificante que habían perdido. Además, como hijos de Dios, tienen una herencia maravillosa de su Padre. ¡Un bello cielo espera a Sus hijos!

Entonces los ojos del pececito se secaron y sonrió:

— Gracias, mariposa. Tienes razón. ¿Pero crees que podría vivir en el agua, dentro de la iglesia? ¿Hay agua adentro?

La mariposita pensó por un momento:

— Sí, hay un fregadero en la sacristía, donde el sacerdote se prepara para la misa; y están la pila de bautizos y las de agua bendita... Pero, ¿cómo vas a llegar allá?

— No sé, pero tengo que tratar —dijo el pececito en tono resuelto.

La mariposita sonrió, pensando que Felipe estaba creciendo, y dijo:

— Debo irme ahora, pero pensaré en qué forma puedo ayudarte.

Al otro día, cuando la mariposita vino a ver a Felipe, no lo pudo encontrar y se preocupó mucho. No se encontraba en ninguna parte de la fuente.

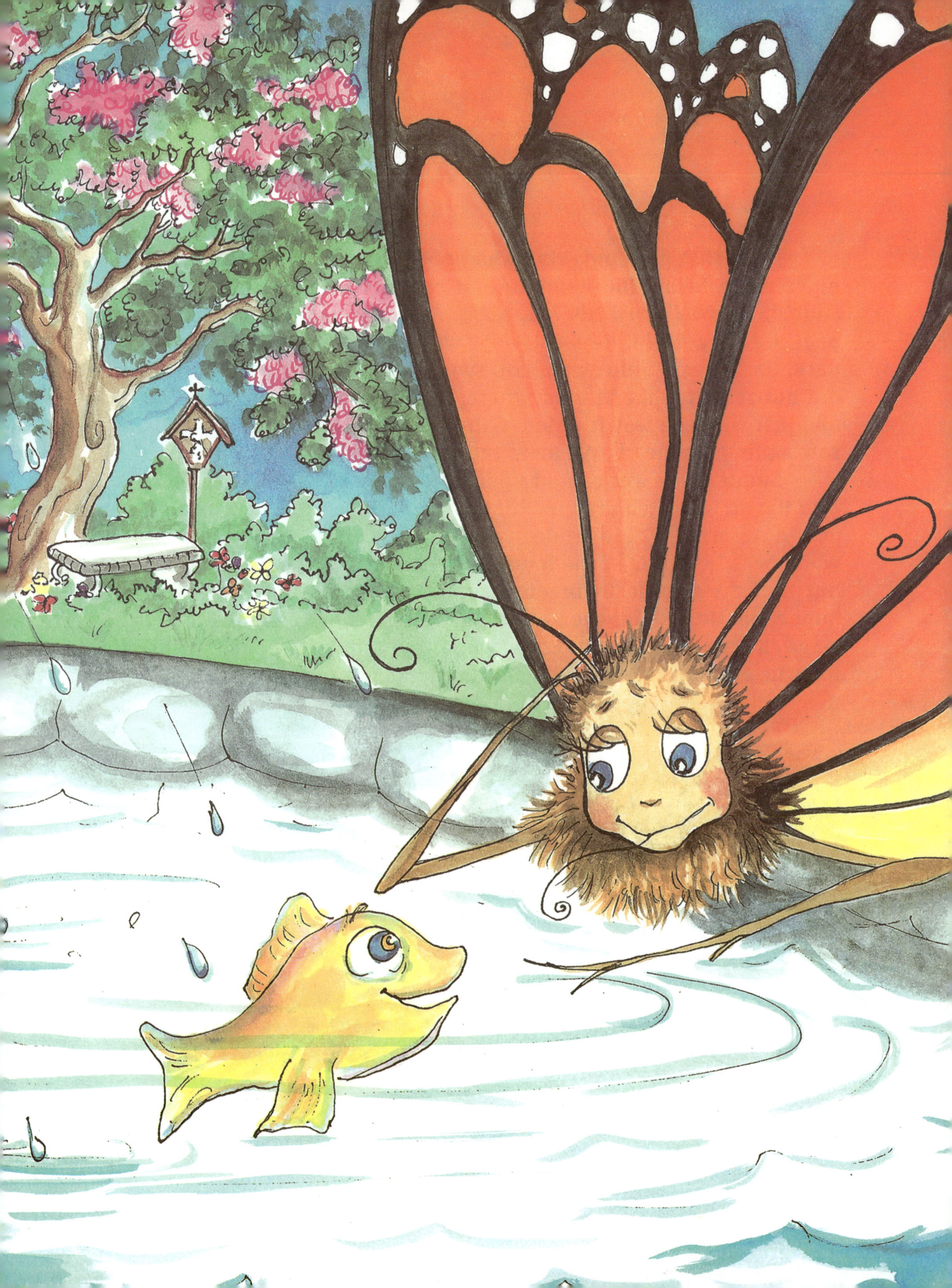

🍎 That morning, Philip had gotten an idea. He would follow the pipes down below the fountain and perhaps these would lead into the church. He swallowed his fear and splashed down, out of his safe little pool, into the drain. He was swept with a sudden rush down through a dark, dark pipe. Philip swam and swam with the flow of the water, but it did not seem to take him anywhere. He prayed and prayed to Dear Jesus and just when he was frightened that he would never see light again, he saw a glimmer ahead. Was he in the church?

Suddenly he was caught up in a rush of water which sprayed him up into the air and then dropped him down sharply — just like he was going over a waterfall. Philip landed with a splash in the very same little pool, which was his home in the fountain. His heart was pounding with fright, but as he was able to breathe again, he realized forlornly what had happened. He had not even come close to the church. He had merely been recycled through the pipes of the water fountain. Night and day it sprayed into the air, only to fall back, refilling the fountain in an endless cycle.

🍎 *Esa mañana, Felipe había tenido una idea. Seguiría los tubos de agua bajo la fuente y quizás éstos lo llevarían hasta la iglesia. Conteniendo su miedo, se zambulló por el desagüe. Una corriente súbita lo impulsó dentro de un tubo muy, muy oscuro. Felipe nadó y nadó con la corriente, pero sin control. Le rezó al Buen Jesús una y otra vez y, ya que creía que nunca volvería a ver la luz del día, vio un resplandor en la distancia. ¿Estaría en la iglesia?*

De pronto, quedó atrapado en una corriente que lo elevó por el aire y, súbitamente, lo dejó caer; como si estuviera en una cascada. Felipe cayó con un gran chapoteo... en la misma fuente de donde salió. Su corazón latía fuertemente; apenas podía respirar del susto. Cuando al fin se tranquilizó, tristemente se dio cuenta de lo que había sucedido. No estaba más cerca de la iglesia; simplemente había completado el ciclo que movía el agua de la fuente. Día y noche, el agua subía por el aire y volvía a caer, llenando la fuente en un círculo sin fin.

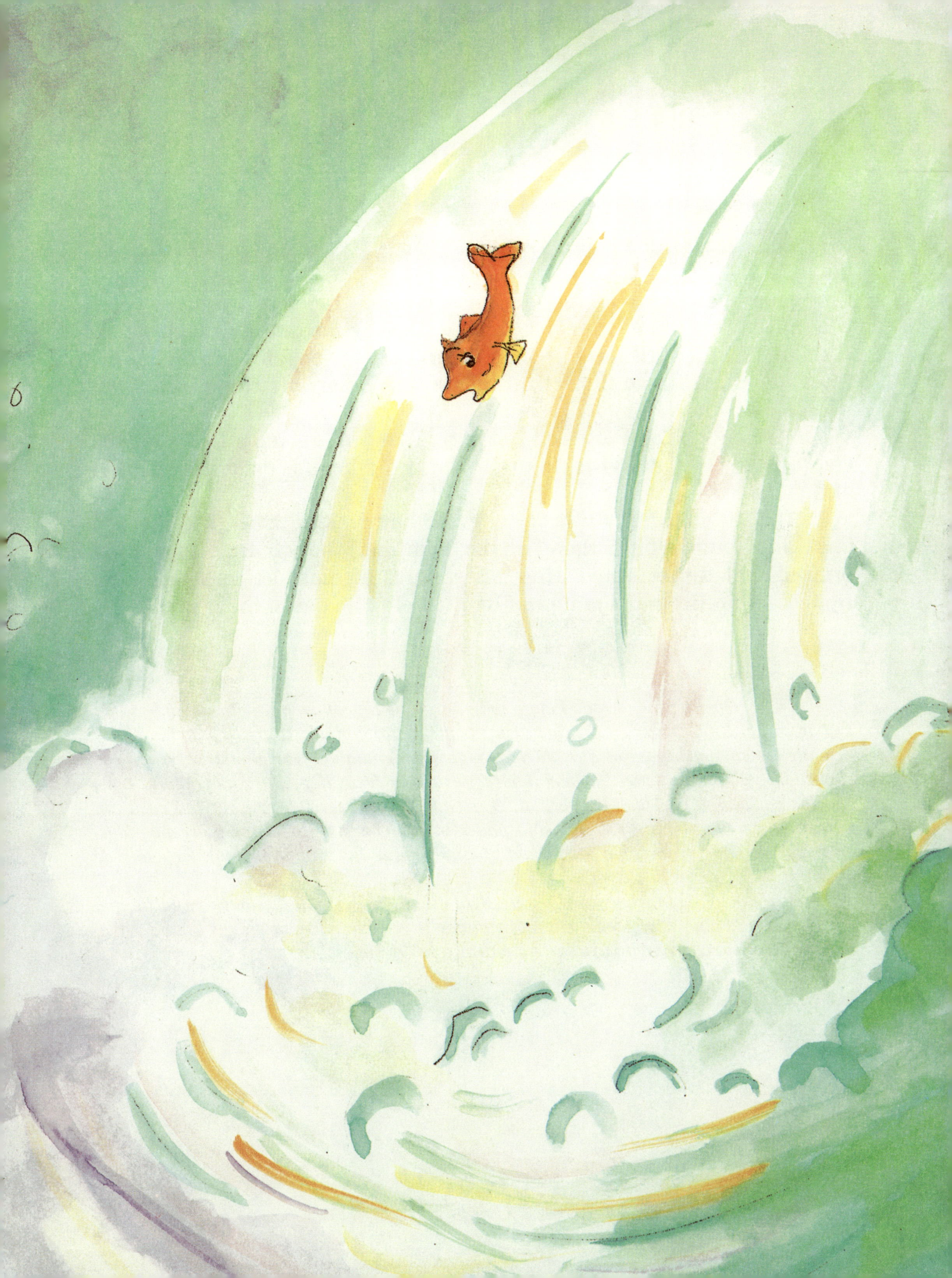

🍎 Tears filled Philip's eyes once again, for he had his heart set on going to live with Dear Jesus in His home. At once he knew the sadness that good humans who had died must have felt those many, many years when they were unable to enter Heaven because the gates were closed by sin. How long it must have seemed before Jesus came down to die on the Cross, taking sin unto Himself. Truly sin was a horrible thing — oh, but what a marvelous thing Baptism is!

Not only to be allowed to enter Heaven as repentant sinners, creatures of God, but as His children! The joy of humans must truly be that of the angels!

The little butterfly was so relieved that evening when she checked back and found Philip there in the fountain. Though he was a little bruised and disheartened after his failure, at least he was safe. She sighed with relief and again promised to help him get to the church.

🍎 *Otra vez los ojos de Felipe se llenaron de lágrimas, pues él estaba decidido a vivir con el Buen Jesús en Su casa. En ese momento conoció la tristeza de las almas de aquellos buenos humanos que, durante siglos, no podían entrar al cielo, cerrado por el pecado. ¡Qué largo se les haría el tiempo hasta que Jesús llegó para morir en la cruz, con los pecados a cuestas! En verdad, el pecado es algo terrible, pero, ¡qué cosa tan maravillosaa es el bautismo! ¡No sólo poder ir al cielo como pecadores arrepentidos, criaturas de Dios, sino como Sus hijos! ¡La alegría de los humanos debe ser como de ángeles!*

Esa noche, la mariposita vio con alivio que Felipe estaba de nuevo en la fuente. Aunque estaba algo estropeado y descorazonado tras su fracaso, al menos estaba salvo. Con un suspiro, le prometió ayudarle a entrar a la iglesia.

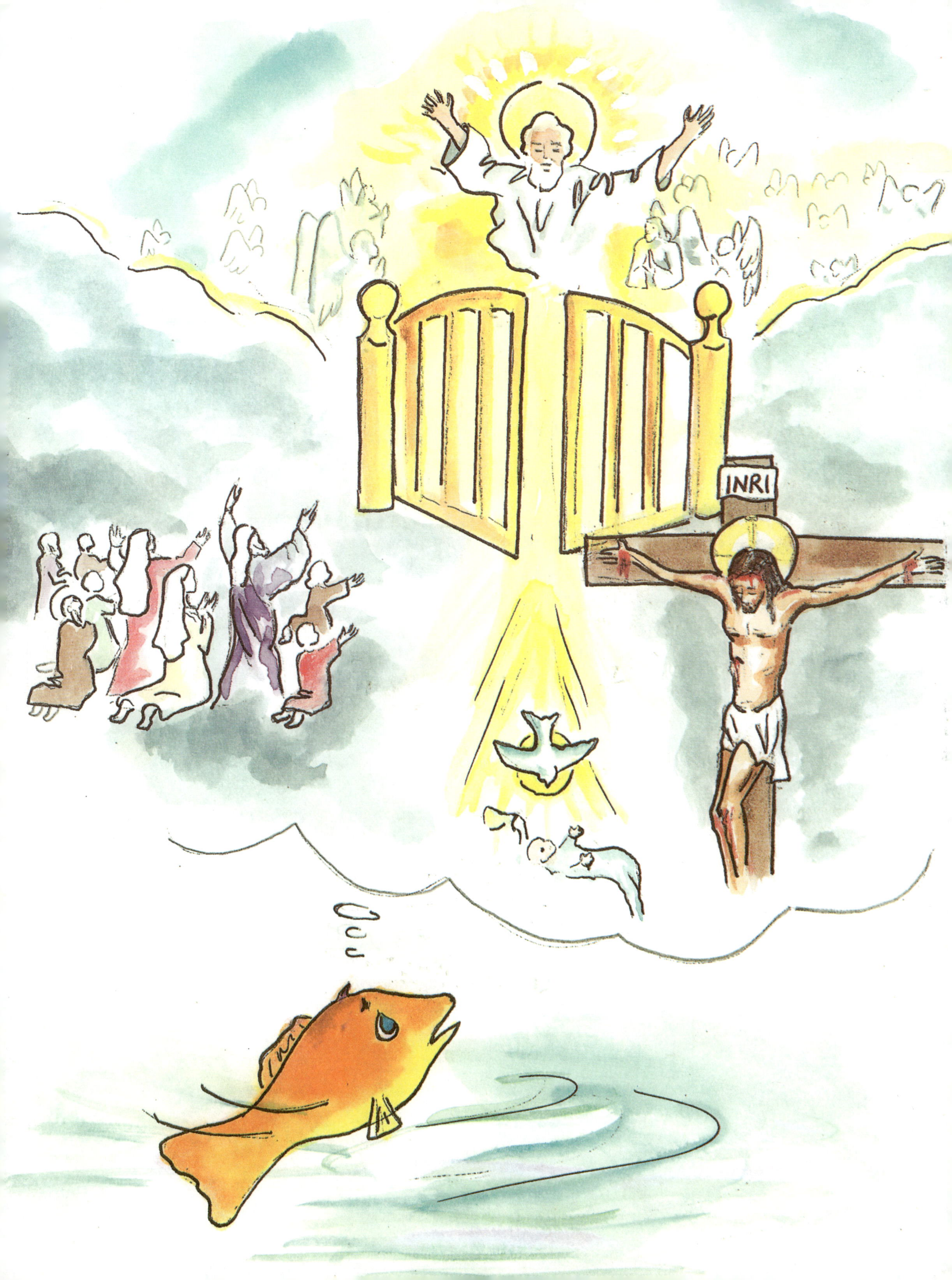
INRI

🍎 The next day was Good Friday, and Philip wanted more than anything else to get to the church by Easter, so he begged the butterfly to carry him. She felt so sorry for him, knowing that he would not be at peace until he reached the church, that she gathered all her strength and lifted the little fish into the air to carry him. At first she did pretty well, but soon she could hardly hold him, for her thin little butterfly legs were not used to lifting weight, and he seemed so very heavy. She fluttered her wings as fast as she possibly could, keeping her eyes upon the open window of the church. Though her legs ached with the strain, she would not let Philip go.

However, as the little butterfly was reaching the church window, she realized that she could not lift him any higher. She fluttered her wings, frantically, and little Philip tried to help by flapping his flippers. But the butterfly was filled with utter exhaustion. Just below the window, she began to fall. Philip cried out to her that they were almost there, but it was too late. They fell — somersaulting to the ground.

🍎 *El día siguiente era Viernes Santo y el pececito Felipe quería más que nada estar en la iglesia el domingo de Pascua y le rogaba a la mariposita que lo cargara. Sabiendo que él no descansaría hasta llegar a la iglesia, ella reunió sus fuerzas y elevó al pececito por el aire. El principio fue fácil, pero pronto sus patitas, que no estaban hechas para cargar peso, lo sintieron muy pesado y apenas podían sujetarlo. Aleteaba tan rápido como podía, con la vista fija en la ventana de la iglesia. Aunque sus patitas le dolían por el esfuerzo, no soltaría a Felipe.*

Pero, ya que llegaba a la ventana, se dió cuenta de que no podía subir más. Aleteaba, frenética, y hasta Felipe batía sus aletas, tratando de ayudar. Pero la mariposa estaba exhausta. Casi al tocar la ventana, comenzó a perder altura. Felipe le gritaba que ya llegaban, pero era muy tarde. Caían de picada hacia el suelo.

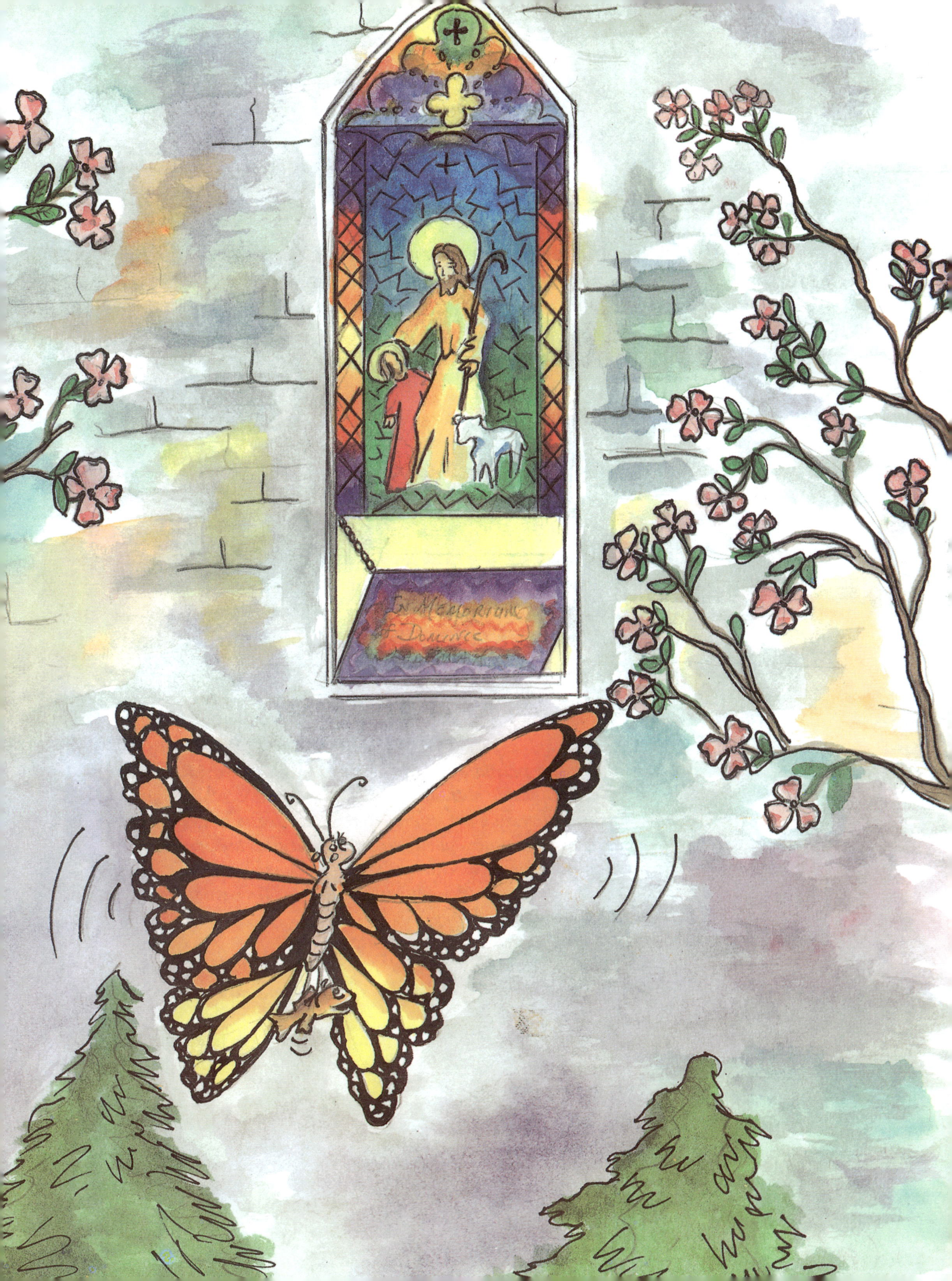

🍎 The little butterfly was stunned. When she came to, she realized that, at some point, she must have dropped Philip. She cried out his name, searching and searching. As time passed and she still could not find the little fish, she called Victor, the cricket, and her mice friends to help.

Victor, in his brusk way, tried to reassure the little butterfly, "Don't worry, fish can last for hours out of the water... I'm sure," he said, not really sure at all.

"Hours!?" cried the little butterfly, and she was more distraught than ever.

As the others searched, she became desperate. She flew to the Tabernacle and began to beg Dear Jesus to find little Philip. She touched the crucifix, draped in purple, and cried, "Dear Jesus, more than anyone, You know about death, for You took it upon Yourself for the sake of mankind. Please do not let little Philip die; he is so young and he loves You so very much."

🍎 *Al caer, la mariposita perdió el conocimiento. Cuando volvió en sí, se dio cuenta de que, en algún momento, había soltado a Felipe. Lo llamó y lo buscó por todas partes, pero en vano. Al pasar el tiempo y ver que aún no encontraba al pececito, llamó a Victor, el grillo, y a sus amigos los ratones para que la ayudaran a buscar.*

Victor trató, en su manera brusca, de tranquilizar a la mariposita:

— No te preocupes, los peces pueden durar por horas fuera del agua, estoy seguro —aunque en verdad no estaba nada seguro.

— ¡¿Horas?! —exclamó la mariposita, más agitada aún.

Al fin, mientras los otros seguían la búsqueda, se desesperó. Voló al tabernáculo y comenzó a rogarle a Jesús que encontrara a Felipe. Miraba hacia la cruz, cubierta de púrpura, y lloraba:

— Querido Jesús, Tú mejor que nadie conoces la muerte, pues la aceptaste para salvar a los hombres. No dejes morir a Felipe. Es tan joven y Te quiere tanto.

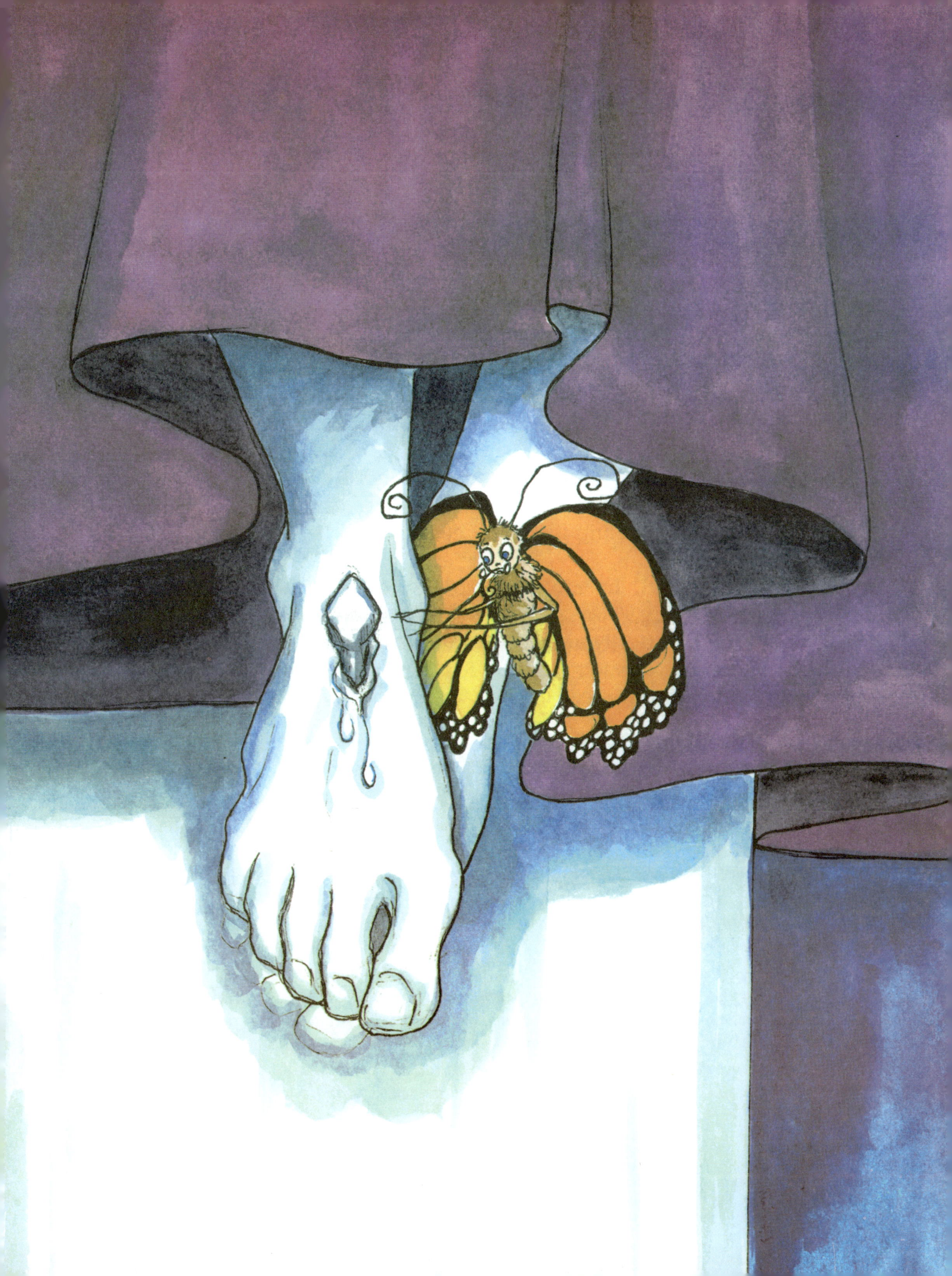

🦋 Just then, as if in answer to prayer, Victor began chirping loudly at the back of the church. The little butterfly was filled with hope that they had found Philip.

"No," Victor chirped, "we still haven't found him. I can't imagine where that little fish has gone. But take a look."

He pointed to the open window and the little butterfly saw large drops of rain falling onto the windowsill. She was confused at first, and just stared.

"Don't you see?" said Victor impatiently. "He'll be all right now."

"But he might get swept away in the rain. He's so little," the butterfly moaned, feeling it was all her fault for ever taking Philip out of the water.

"At least he'll be alive," Victor retorted irritably. "Now let's get busy."

The little butterfly agreed, and they searched all afternoon and into the night until it was too dark to see. The storm nearly swept them away as the rain fell in torrents.

🦋 *En ese momento, como en respuesta a su ruego, Victor comenzó a chirriar en la parte trasera de la iglesia. La mariposita estaba segura que habían encontrado a Felipe.*

— No, —chirrió Victor— no lo hemos encontrado, no imagino dónde puede estar, pero mira...

Señaló hacia la ventana abierta y la mariposita vio grandes gotas de agua cayendo en la repisa de la ventana. Ella miraba confusa hacia afuera.

— ¡¿No ves?! —dijo Victor impaciente— Ahora Felipe estará salvo.

— Pero lo puede arrastrar alguna corriente, es tan pequeñito —gimió la mariposa, pensando que era todo culpa suya, por haber sacado a Felipe del agua.

— Al menos, estará vivo —contestó Victor irritado.— Ahora, a trabajar.

La mariposita asintió y todos buscaron toda la tarde, hasta que oscureció y ya no podían ver. Los animalitos temían ser arrastrados por la torrencial lluvia de la tormenta.

In Memorium
Francis

🍎 The poor little butterfly was inconsolable as they retreated back into the church, out of the downpour. She looked out into the darkness in despair, and since none of the other church creatures could make her feel better, they left her alone to pray with Dear Jesus, telling her that they would begin the search again in the morning.

The tabernacle was empty as it always is after three p.m. on Good Friday, in remembrance of Jesus' passion and death. So it was today as on those days of darkness and emptiness for the world before Jesus rose from the dead on the third day. As the little butterfly looked up at the altar and saw the crucifix draped in purple, the tabernacle doors flung open and the Blessed Sacrament gone, an overwhelming sadness filled her. Though she knew Easter was coming, she felt that all she loved in the world was dead and gone.

🍎 *La pobre mariposita estaba inconsolable cuando al fin se guarecieron en la iglesia. Desesperada, miraba hacia la oscuridad y como las otras criaturas no la podían animar, la dejaron para que le rezara a Jesús, prometiéndole volver en la mañana.*

El tabernáculo estaba vacío, como siempre después de las tres de la tarde en Viernes Santo, conmemorando la pasión y muerte de Jesús. Así como en aquellos días de oscuridad y vacío antes de que Jesús resucitara en el tercer día. La mariposita miraba hacia el altar, viendo el crucifijo cubierto, las puertas del tabernáculo abiertas de par en par y sin el Santísimo Sacramento, y una tristeza abrumadora la envolvió. Aunque sabía que pronto vendría el día de Pascua, sentía que todo lo que más amaba en el mundo estaba muerto para ella.

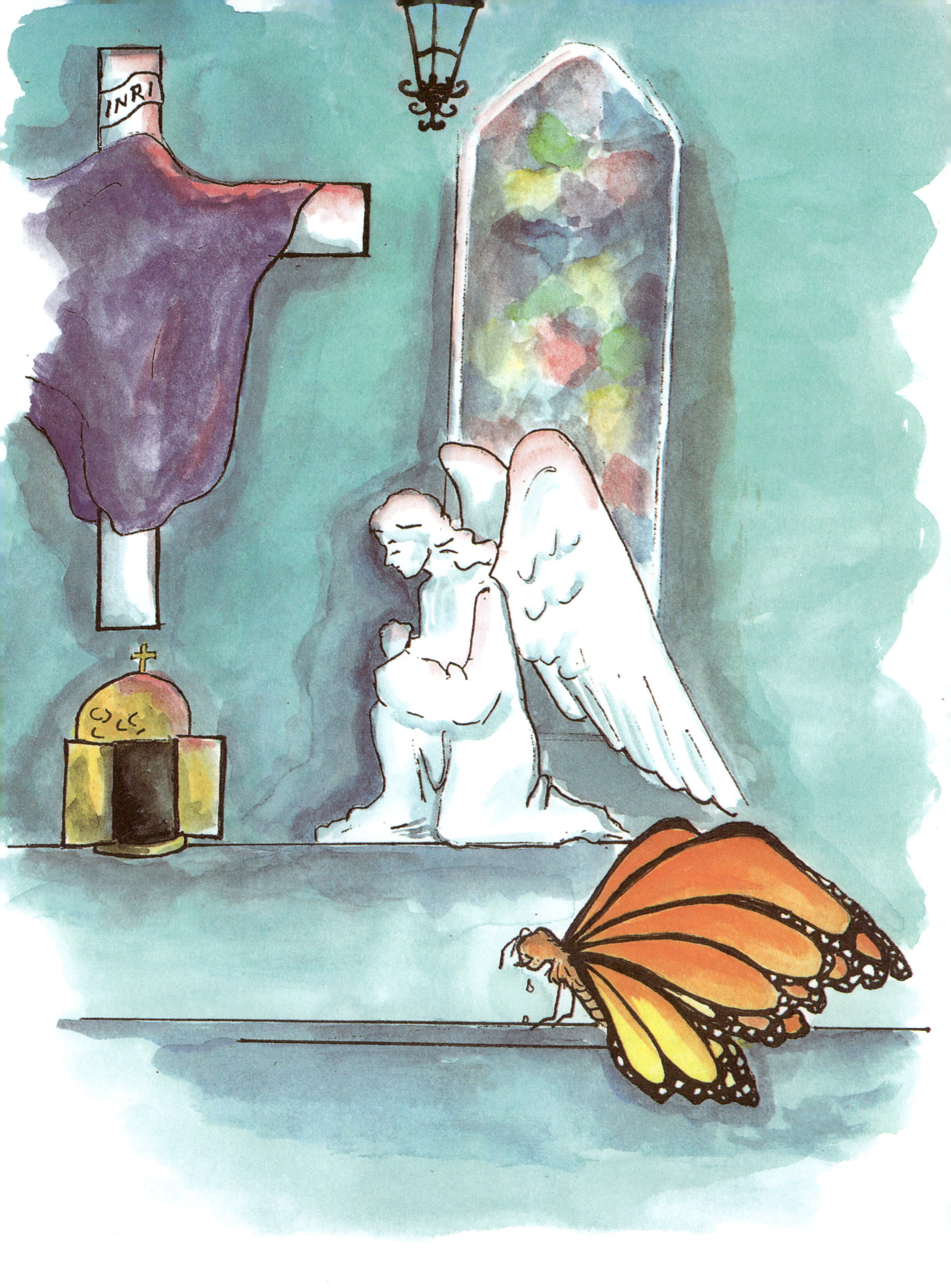
INRI

🍎 The next morning, the rain continued, but at last they found little Philip, far below the garden in a rivulet of water. He was barely able to move after the ordeal he had been through. He told the little butterfly that he had almost died being out of the water, until the rain had fallen, giving him new life. A smile glimmered on his face, for he was remembering how she had told him that without water, there was no life.

As the little butterfly told him how very worried about him she had been and how sorry she was that she had ever taken him out of the fountain, he wriggled toward her.

"Oh, no, butterfly, don't feel bad. I'd gladly go through it all over again if only I could reach Jesus." He looked up at her pleadingly. "Please try once more."

She did try once more, but, somehow, she could not gather the strength needed to carry Philip through the window. So, rather than drop him again, she brought him back to the fountain. The little fish was heartbroken, but thanked her just the same.

🍎 *Al otro día seguía lloviendo, pero, al fin, encontraron al pequeño Felipe en un charquito, lejos del jardín. Apenas se podía mover después de haberle pasado tan gran desgracia. Le contó a la mariposita que casi había muerto fuera del agua, y la lluvia lo había revivido. Sonreía al recordar que ella le había dicho que sin agua, no había vida.*

La mariposita le dijo lo apenada que estaba por haberlo sacado de la fuente y él se le acercó diciéndole:

— ¡Oh, no, mariposita! ¡No digas eso! Lo volvería a hacer todo de nuevo si así pudiera llegar a Jesús. —Y mirándola, le pidió,— Por favor, trata de nuevo.

Ella trató, pero no pudo alcanzar la altura que necesitaba para llevar a Felipe a través de la ventana. Así pues, por temor a dejarle caer de nuevo, lo llevó a la fuente. El pececito estaba acongojado, pero le dio las gracias.

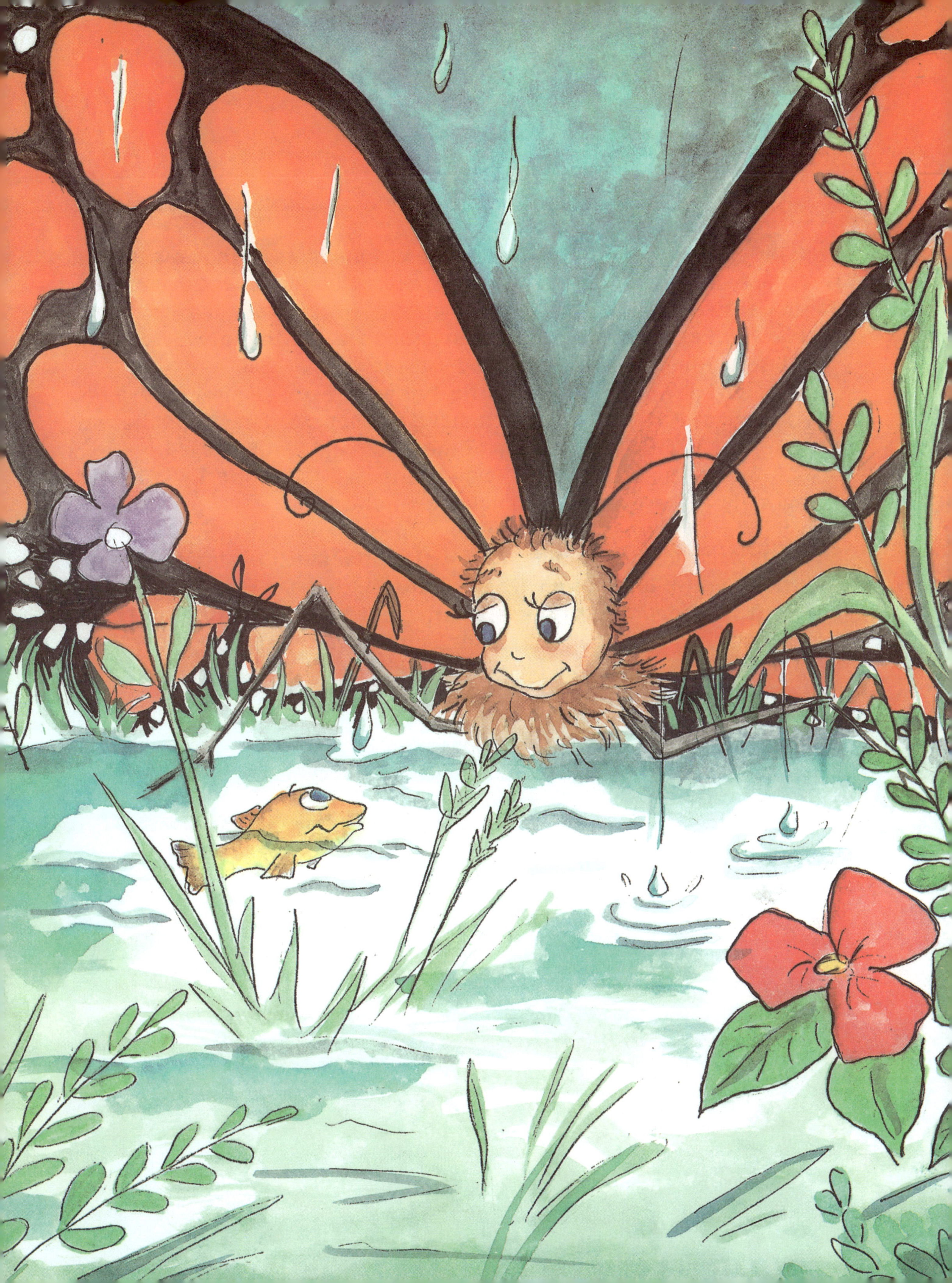

🦋 The little butterfly knew how disappointed Philip was, so she said, "Pray to Jesus, for all things are possible through prayer. Even if God doesn't answer prayers just the way we want — He always answers them. He knows what is best for His creatures and He will find a way to bring you close to Him." Philip nodded and was resigned at last.

As the day wore on, the little butterfly became more and more worried about Philip. He seemed to have lost hope. She could tell he was very sick, for he floated to the top of the water and hardly moved.

"You must stay under water," the little butterfly pleaded desperately, "otherwise you will never get better!"

Philip tried to swim below, but he had no strength. The little butterfly decided that he must have gotten too much air inside him, so she tried to push him down with her little feet to keep him under water. But he just floated back up to the surface. It scared the little butterfly, because she had seen dead fish floating on the water before. Was her little friend just a step away from being like those poor fish?

🦋 *La mariposita comprendía la desilusión de Felipe y así le dijo que le rezara a Jesús, pues mediante la oración, todo es posible:*

— Aún si Dios no contesta como queremos, siempre nos contesta. Él sabe qué es lo mejor para Sus criaturas y te dará la forma de acercarte a Sí.

Felipe asintió, con resignación.

Según pasaba el día, la mariposita se preocupaba más y más por Felipe. Parecía haber perdido la esperanza. Ella notó lo enfermo que estaba al verlo flotando sobre el agua, casi inmóvil.

— Debes quedarte bajo el agua, —le rogaba la mariposita— o nunca te mejorarás!

Felipe trataba de sumergirse, pero no tenía fuerzas. La mariposita lo creyó lleno de aire y lo sujetaba bajo el agua. Pero el pececito volvía a la superficie. La mariposita se preocupó mucho, pues ella había visto peces flotando sobre el agua, muertos. ¿Estaría su amiguito a punto de morir?

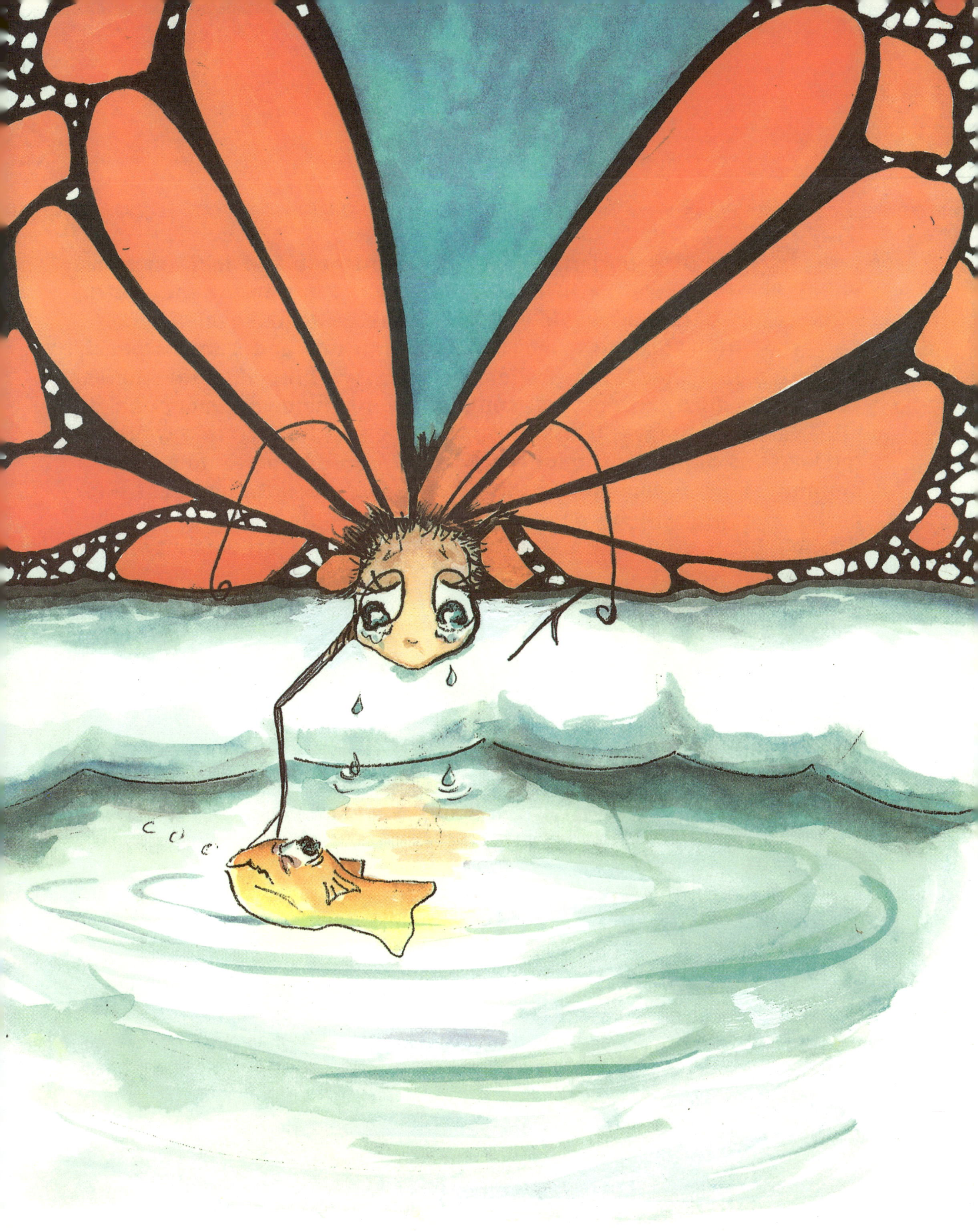

🦋 The little butterfly went to Cecilia Mouse and told her about Philip. She explained that if they could only get him inside the church, she was sure Dear Jesus would heal Philip, just as He had healed her.

The little mice Alex and Eamon overheard, and Eamon quickly suggested that they build a stretcher to carry Philip into the church. "Yes," Alex added excitedly, "we could pull him through our mouse hole!"

Cecilia Mouse was thoughtful. "No," she said finally, "that would be too long and difficult a trip for a sick fish. It would be better to wait until morning and drag him quickly through the door when Father opens it for Easter Mass. It will be dangerous because people might be passing through, but it will be the most direct route with the least amount of time spent out of water."

"Then I can fly him up to the holy water font closest to the altar so he'll be near Dear Jesus!" the little butterfly put in.

🦋 *La mariposita voló hasta su amiga Cecilia Ratón y le contó el problema de Felipe. Pensó que si lo podían entrar a la iglesia, Jesús lo curaría, como la había curado a ella.*

Los ratoncitos Alex e Eamon escuchaban, y pronto Eamon sugirió preparar una camilla para cargar a Felipe hasta la iglesia.

— ¡Sí! —exclamó Alex— Lo podemos entrar por nuestro hueco.

Cecilia Ratón comentó, pensativa:

— No. Sería un viaje muy largo y difícil para un pececito enfermo. Creo que es mejor esperar hasta el domingo, cuando el padre abra las puertas para la misa de Resurrección. Entonces, lo arrastramos rápidamente dentro de la iglesia. Será peligroso, pues habrá gente llegando para la misa, pero es la ruta más directa y será menos el tiempo fuera del agua.

— ¡Entonces yo lo puedo elevar hasta la fuente de agua bendita cerca del altar, para que esté cerca de Jesús! —terminó la mariposita.

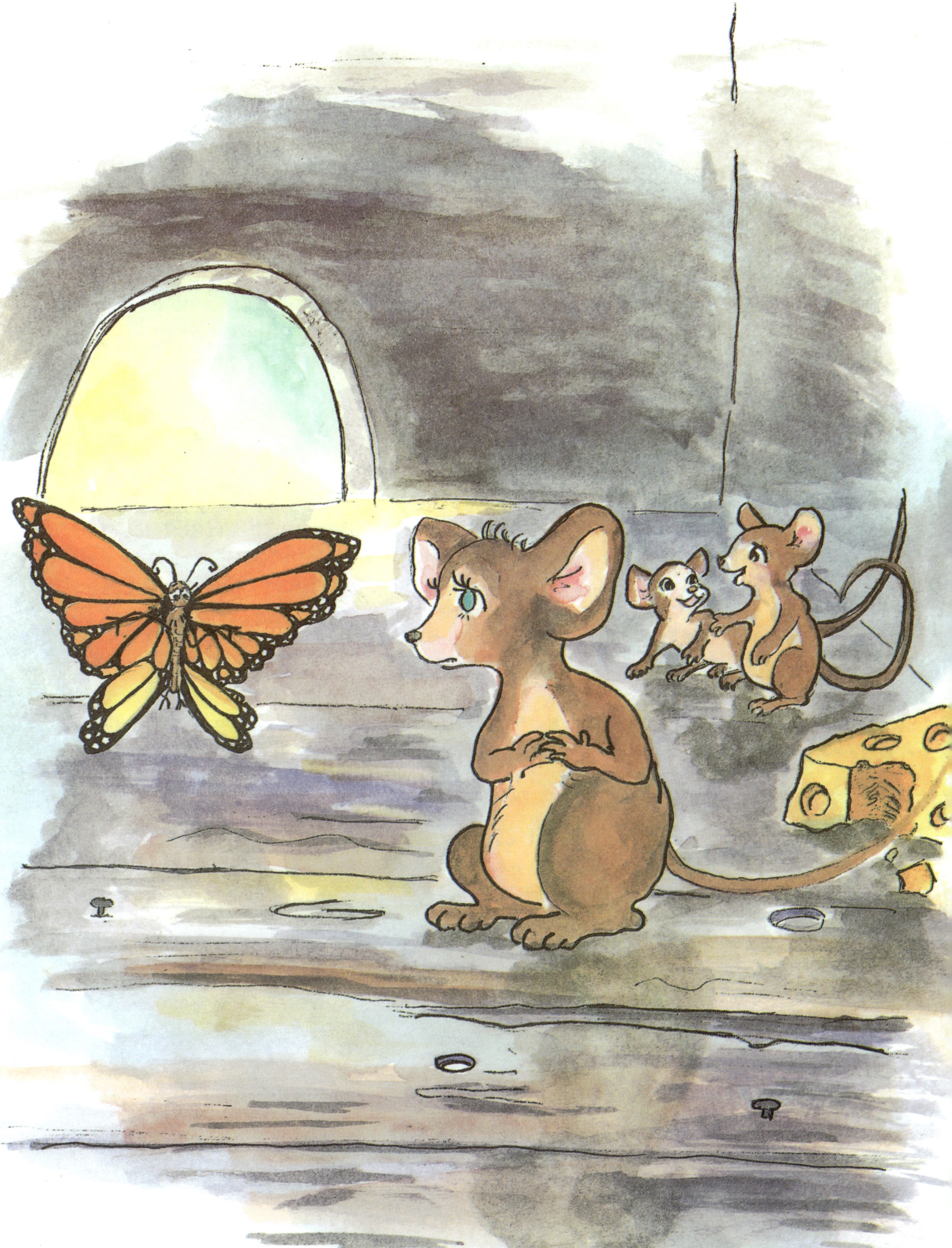

Alex and Eamon were enthusiastic about the idea of such a daring escapade! And what better day! When would Jesus be more likely to heal little Philip than on the great day of the feast of His Resurrection!

The little butterfly was so happy and grateful to her mice friends that tears glistened in her eyes. She hurried off quickly to tell Philip the good news! She knew it would make him happy and give him the hope to hang on to life!

Philip looked up weakly, but there was a bright light in his eyes when he heard the news that they were going to get him to Dear Jesus at last. He could hardly believe it, for he had almost given up.

That evening, the church mice worked busily preparing a stretcher out of a large leaf and some string they had gathered. The little mice took turns trying it out as Cecilia Mouse pulled them along. All was ready, and as they went to sleep that night, they looked forward to the joy of Easter and Philip's happy entrance into the church.

¡Qué entusiasmados estaban Alex e Eamon pensando en la aventura! Y, ¿qué mejor día que el domingo de Pascua y Resurrección para Jesús curar a Felipe?

La mariposita estaba tan contenta y agradecida que sus ojos se llenaron de lágrimas. ¡De inmediato fue a darle la buena nueva a Felipe! ¡Sabía que lo alegraría y le daría fuerzas para seguir viviendo!

Felipe la miró débilmente, pero sus ojos se avivaron al saber que por fin lo llevarían hasta Jesús. Apenas podía creerlo, pues le quedaban tan pocas esperanzas.

Toda la tarde los ratoncitos trabajaron preparando la camilla con una hoja y un cordón que habían encontrado. Los ratoncitos se turnaban sentándose en ella, mientras Cecilia los halaba. Todo estaba listo y, al acostarse, felices anticipaban la alegría de la Resurrección y la entrada de Felipe en la iglesia.

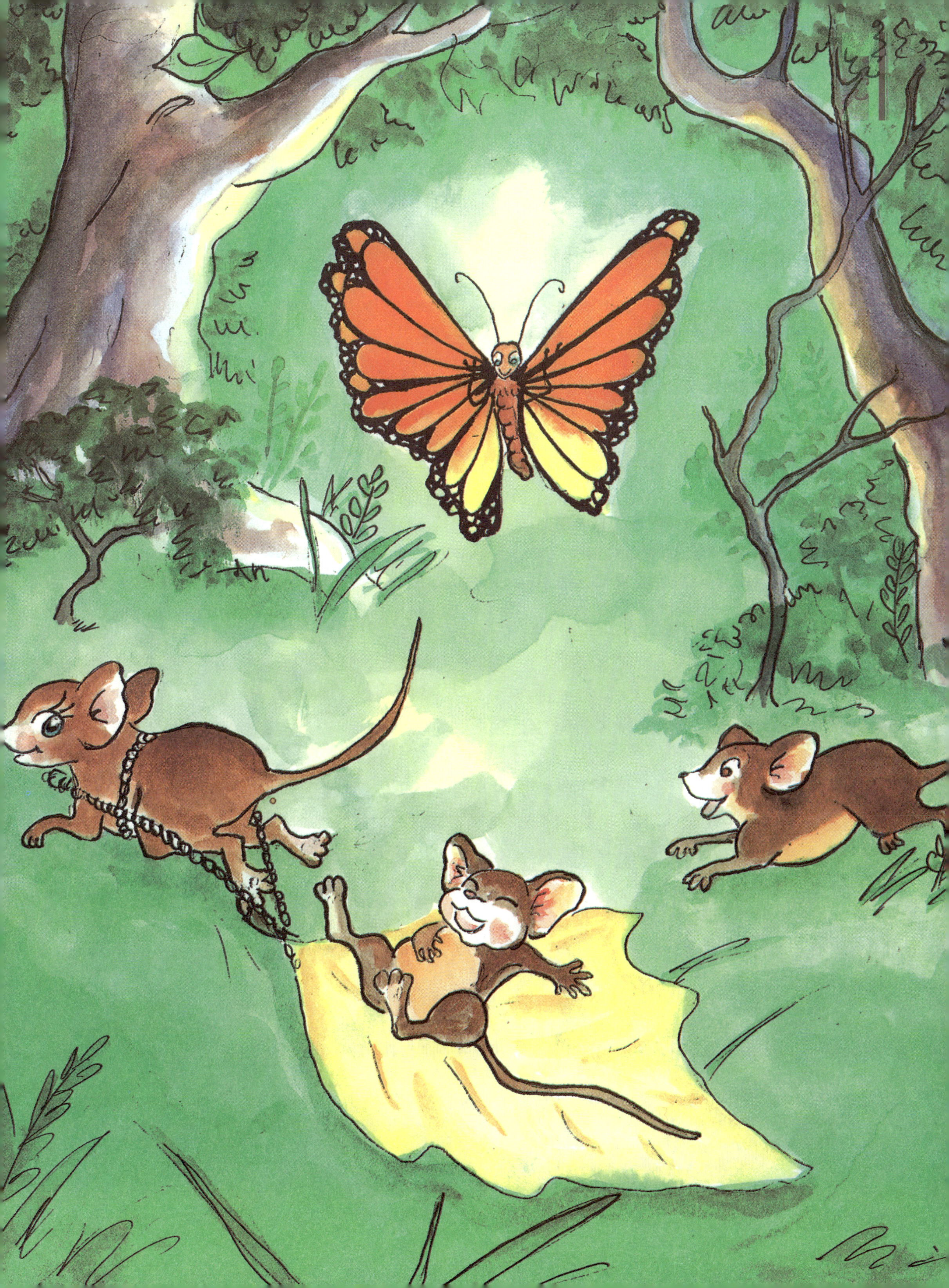

🍎 The most glorious day of the year had finally arrived, and it was just the kind of morning Easter should be — full of life and joy! The birds were all singing happily, and as the early morning sun shone down, the flower garden had never looked lovelier!

Philip's heart beat faster, waiting for his friends. He was still quite a sick little fish, but he was sure everything would be all right once he was in the church and close to Dear Jesus. Just the thought of it made him feel better!

Just as the butterfly and mice were all set to begin, people began arriving. Several families came early for Mass, and, as they exchanged greetings on the front steps of the church, a few of the children began to romp happily in the garden.

To the little butterfly's distress, one little boy, hardly big enough to reach, climbed up on the fountain and began playing in the water with his hand. The butterfly flew over quickly and fluttered her wings close to the little boy's ears. He giggled as he watched the pretty butterfly, but continued to splash in the water of the fountain. Just then the little boy's mother caught sight of him.

"Martin! Get your hand out of that water!" she called anxiously.

🍎 *Por fin llegó el día más glorioso del año y la mañana amaneció como debía ser, ¡llena de luz, vida y alegría! ¡Los pájaros cantaban gozosos y, a la luz del sol mañanero, las flores del jardín lucían más bellas que nunca!*

Lleno de emoción, Felipe esperaba a sus amigos. Todavía estaba bastante enfermo y débil, pero seguro que todo estaría bien tan pronto se encontrara en la iglesia, cerca de Jesús querido. ¡Tan sólo de pensarlo, se sentía mejor!

Ya que la mariposa y los ratoncitos estaban listos, comenzaron a llegar los feligreses. Algunas familias llegaron temprano para la Misa y, mientras se saludaban a la entrada de la iglesia, los niños correteaban por el jardín.

Con gran susto, la mariposita vio un niñito que, apenas alcanzando, subía a la fuente a jugar con el agua. La mariposita aleteó cerca de las orejitas del niño. El niño reía y miraba a la mariposita, pero no sacaba la mano del agua. En ese momento la madre del niño lo vio y lo llamó:

— ¡Martín! ¡Saca la mano del agua!

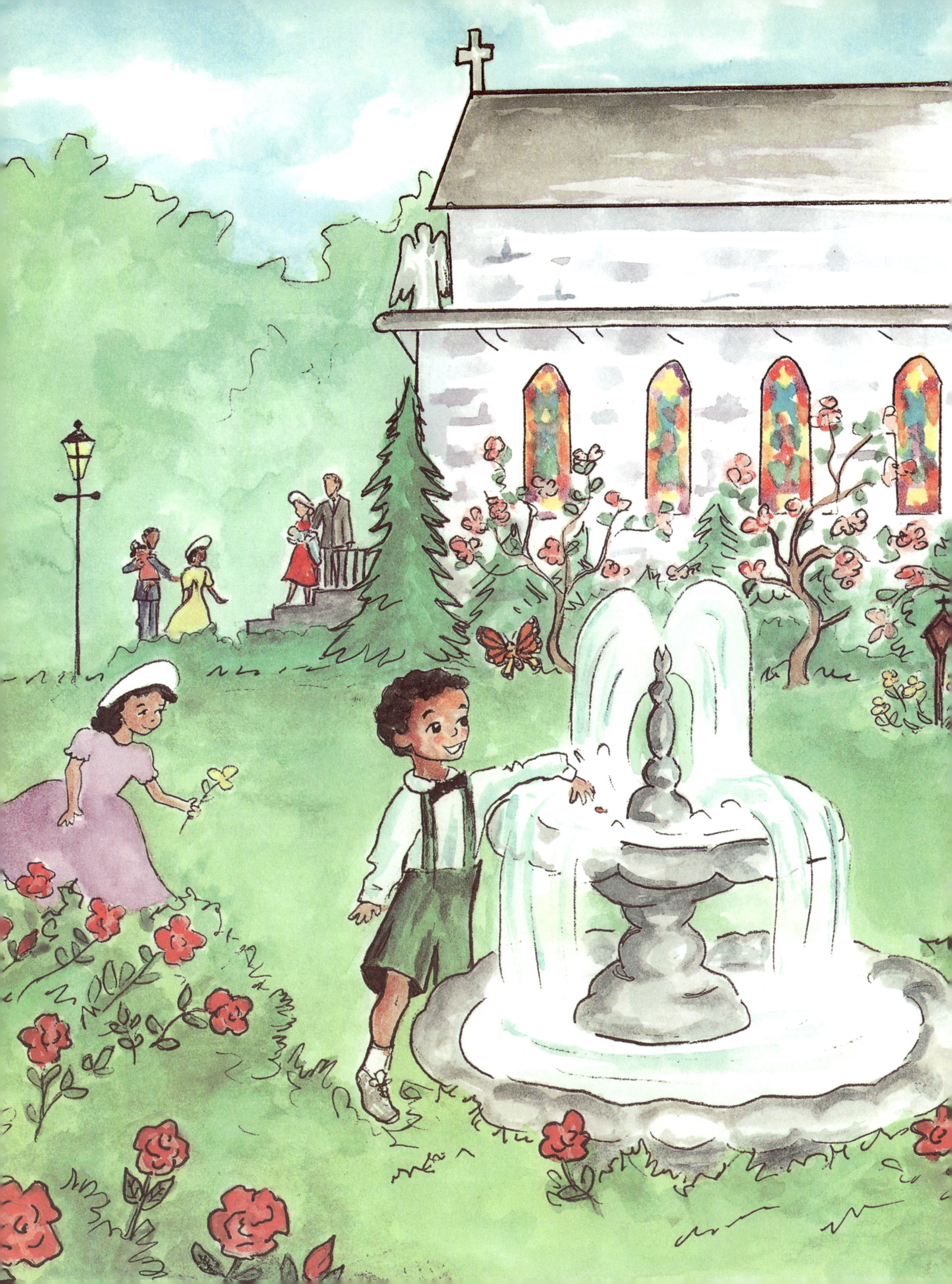

Martín quickly withdrew his hand, but to the butterfly's utter dismay and horror, she saw that Philip was caught in the cuff of the little boy's sleeve!

The little butterfly was beside herself with worry. She followed closely as Martín and his family entered the church.

Inside the little boy's sleeve, Philip was not sure what had happened. All he knew was that he was almost smothering in a dark, dark place — with no water! At first he squirmed and wriggled, but shortly his strength gave out and he was sure that this time he really was going to die. Oh! And he'd come so close to finally meeting Dear Jesus!

A stiffness seemed to overcome the little fish and he could do nothing but give in to a slow creeping unconsciousness which filled his body. The little butterfly flitted frantically between the humans, who were completely unaware of the little fish's plight. They gathered together near the baptismal font, and little Martín, who was only two, began to fidget and play. Once again, he could not resist the water, and, as his hand dipped in, a most wonderful thing happened! The little fish dropped from the little boy's sleeve right into the baptismal font!

Martín sacó la mano pero, para horror de la mariposita, Felipe también salió, atrapado en el puño de la manga del niño.

La mariposita estaba fuera de sí. Seguía a Martín de cerca mientras él y su familia entraban a la iglesia. Dentro de la manga, Felipe no estaba seguro de lo que había pasado. Sólo sabía que estaba casi asfixiado en un lugar oscuro y, ¡sin agua! Al principio coleteaba y se movía pero pronto quedó sin fuerzas y estaba seguro de que esta vez sí se moría. ¡Ay! ¡Tan cerca que había estado de conocer a Jesús querido!

Su cuerpecito se sentía tieso y poco a poco sentía perder el conocimiento. La mariposita volaba frenética entre los humanos, quienes no se daban cuenta de la vicisitud del pececito. Al acercarse a la pila de bautismos, el pequeño Martín, quien apenas tenía dos años, no pudo resistir el agua. Y tan pronto puso la mano en el agua, ¡algo maravilloso sucedió! ¡El pececito cayó de la manga y en el agua de la pila!

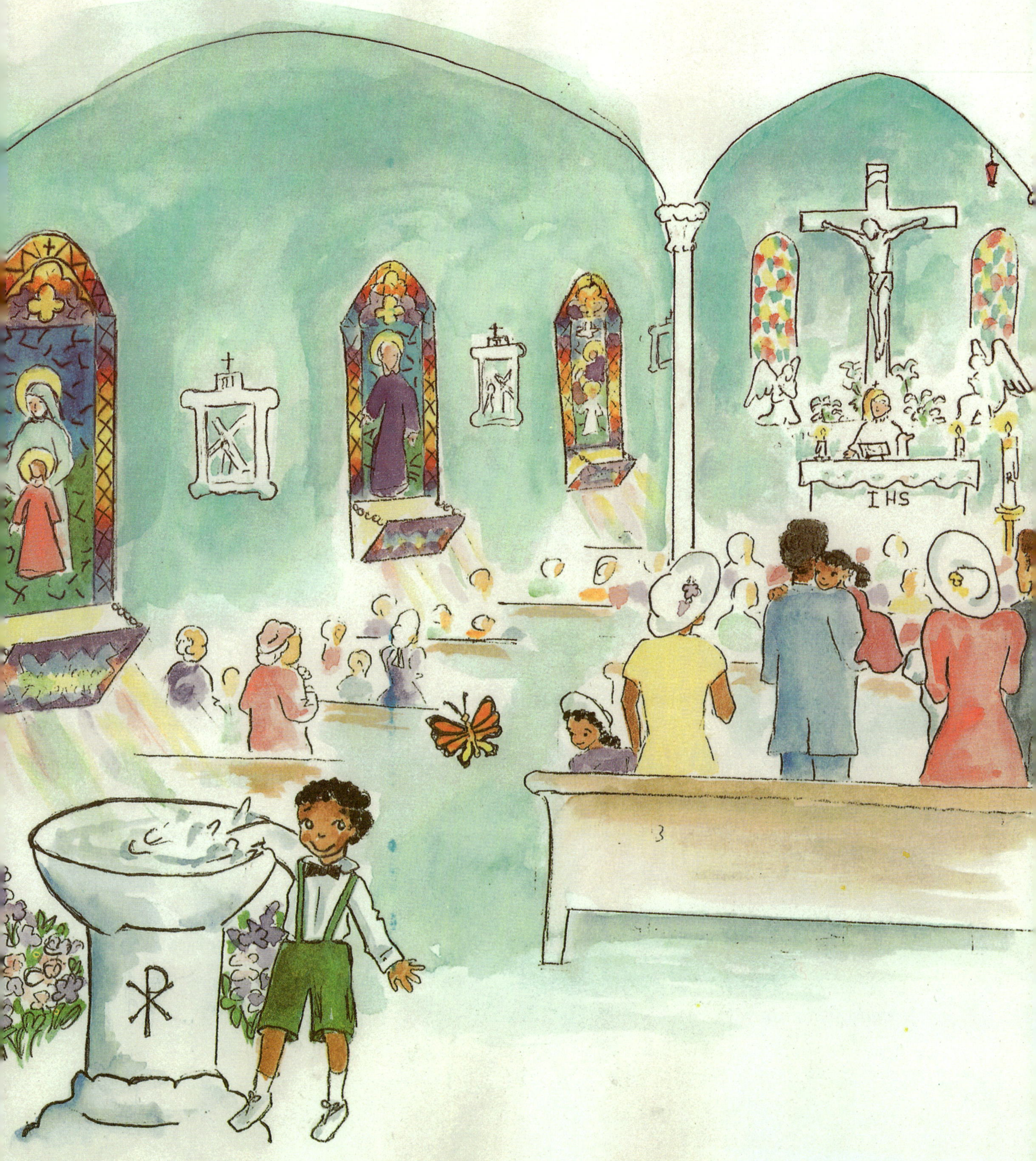
IHS

🦋 As Philip sank deep into the blessed water, a warmth and a healing power seemed to go all through his body. He quivered and shook with new life as the cold stiffness left his body. When the water became still, Philip could not believe his eyes. He could hardly contain himself as he looked upon the beauty of God's house and especially as he saw the Tabernacle where Jesus really and truly was present! Philip was completely well and he knew that Jesus had healed him because He really loved him! To Philip, after having tried and tried, failing over and over again to reach the church, being here was nothing short of a miracle!

As the whole church filled with music and rejoicing, the little butterfly saw Philip in the baptismal font — full of life and vigor. She smiled brightly at Philip and gave thanks to Jesus for His love and mercy! As she witnessed the beauty of the Easter celebration, she kept rejoicing inside that all things are possible to God! In His Resurrection, Jesus had conquered sin and death for all time!

🦋 *Al hundirse en el agua bendita de la pila bautismal, Felipe sentía una fuerza cálida y curativa pasándole por todo el cuerpo. Tembló y coleteó lleno de nueva vida al sentir que la rigidez de su cuerpo se disipaba. Al aquietarse el agua, ¡Felipe no podía creer sus ojos! Apenas podia contener el gozo al contemplar la belleza de la morada del Señor y en especial, al ver el tabernáculo, donde Jesús está realmente presente. Felipe estaba completamente curado, y sabía que Jesús lo había sanado porque lo amaba. Para Felipe, después de haber tratado tanto y sin exito, ¡estar dentro de la iglesia era un milagro!*

Mientras la iglesia se llenaba de música y gozo, la mariposita miraba a Felipe en la pila, lleno de vida y vigor. Le sonrió alegre y le dio gracias a Jesús por Su amor y Su misericordia. Al presenciar la belleza de la celebración de la Pascua, pensaba, llena de gozo, que todo era posible para Dios. ¡En su Resurrección, Jesús había derrotado el pecado y la muerte para siempre!

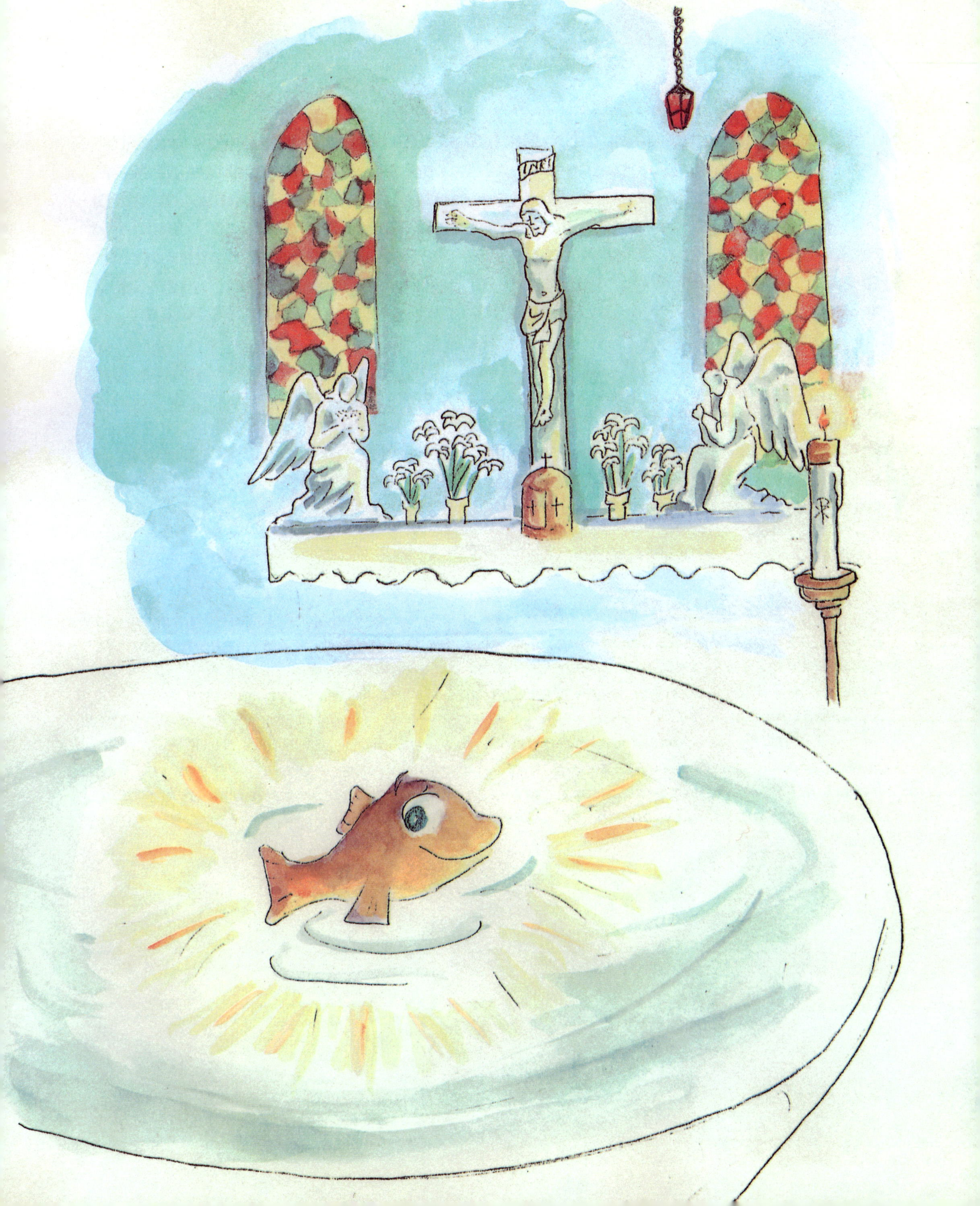

🦋 However, soon all thoughts of her little friend Philip were left behind. She noticed a young couple whom she had seen often at Mass, bringing forth their newborn baby to be baptized. He was all wrapped in white, so tiny and delicate. She alighted on one of the pews and could not help but overhear a few words exchanged between some of the parishioners. They were speaking in hushed tones, saying how sad it was... a cripple... a baby born with only one leg... what a shame... the poor parents.

The little butterfly flitted closer to the little bundle which the mother held so close and so protectively to her. As the little butterfly looked down, she could not bring herself to be sad at all. "What are they talking about? This baby looks as cute and perfect as any baby I have ever seen. Even cuter," she thought — there was something special about this tiny infant. His little face seemed to glow in the beauty of new life.

🦋 *Pero pronto ella se olvidó del pequeño Felipe al notar que una pareja joven, que ella había visto a menudo en misa, traía a su recién nacido para bautizar. Estaba todo vestido de blanco, ¡tan pequeñito y delicado! La mariposita se posó en un banco y oyó a los feligreses murmurar...¡Qué tristeza!...lisiado...una sola pierna... los pobres padres.*

La mariposita aleteó acercándose al bebé, mientras la madre lo acogía a su pecho, protectora. Al verlo, la mariposita no encontró razón para tal tristeza. ¿De qué hablaban? Este bebé era tan bello y perfecto como cualquier otro que ella había visto. Es más, este bebé tenía algo especial. Su carita resplandecía con la belleza de su nueva vida.

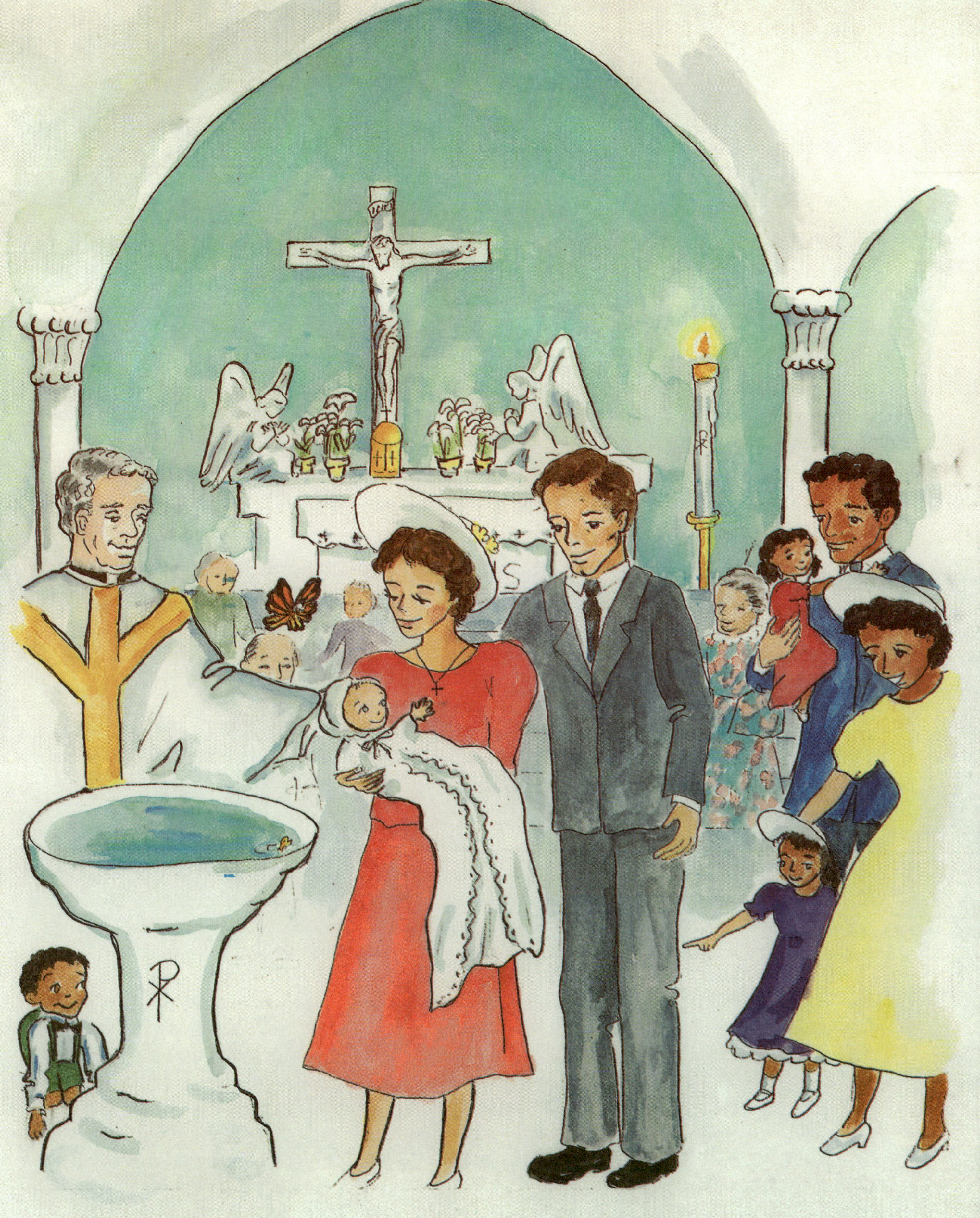

🍎 "What is so terribly important about legs?" she thought. After all, her legs were nothing to speak of, and little Philip had no legs at all. "But then, of course, he is a fish, and it's different with humans."

But as she looked again, closer, she shook her head. "No, this little baby is perfect — in all that matters. Soon he will be baptized and his soul will be pure white. He will be perfect, a child of God." The little butterfly could only be happy and was glad that Philip was here, for he would understand and be happy too.

When the Baptism began, the priest spoke many words. He asked the godparents to answer for the child, who was too young to speak for himself. "Do you reject Satan and all his empty promises? Do you believe in God the Father, Son and Holy Spirit? . . ."

The little butterfly could see Philip's insurmountable joy as he watched the priest pour the water of new life over the head of the little infant. The butterfly and fish beamed at each other. The baby's soul was now pure white, free from Original Sin and filled with Sanctifying Grace — God's own life.

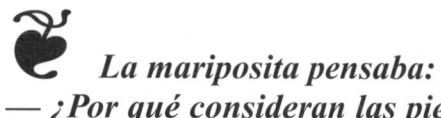

🍎 *La mariposita pensaba:*
— ¿Por qué consideran las piernas tan importantes? Las mías no son gran cosa y Felipe no tiene piernas. Pero, por supuesto, él es un pez y es diferente para los humanos.

Pero al mirar más de cerca, se decía:
— No, en todo lo que importa, este bebito es perfecto. Pronto será bautizado y su alma será pura y blanca. Será perfecto, un hijo de Dios.

La mariposita sólo podía sentir alegría hacia el bebé y también se alegraba de que Felipe estuviera presente para el bautismo, pues él también comprendería y se alegraría.

Cuando comenzó el bautizo, el sacerdote habló y pidió a los padrinos que contestaran por el niño, pues era muy pequeño para hablar por sí mismo.
— ¿Rechazas a Satanás y todas sus vanas promesas? ¿Crees en Dios, Padre, Hijo y Espíritu Santo?. . .

La mariposita veía la alegría inmensa de Felipe al ver al sacerdote rociar el agua de nueva vida sobre la cabeza del bebé. La mariposa y el pez se miraban sonrientes. El alma del bebé era ahora blanca, pura, libre del pecado original y llena de gracia santificante - la vida misma de Dios.

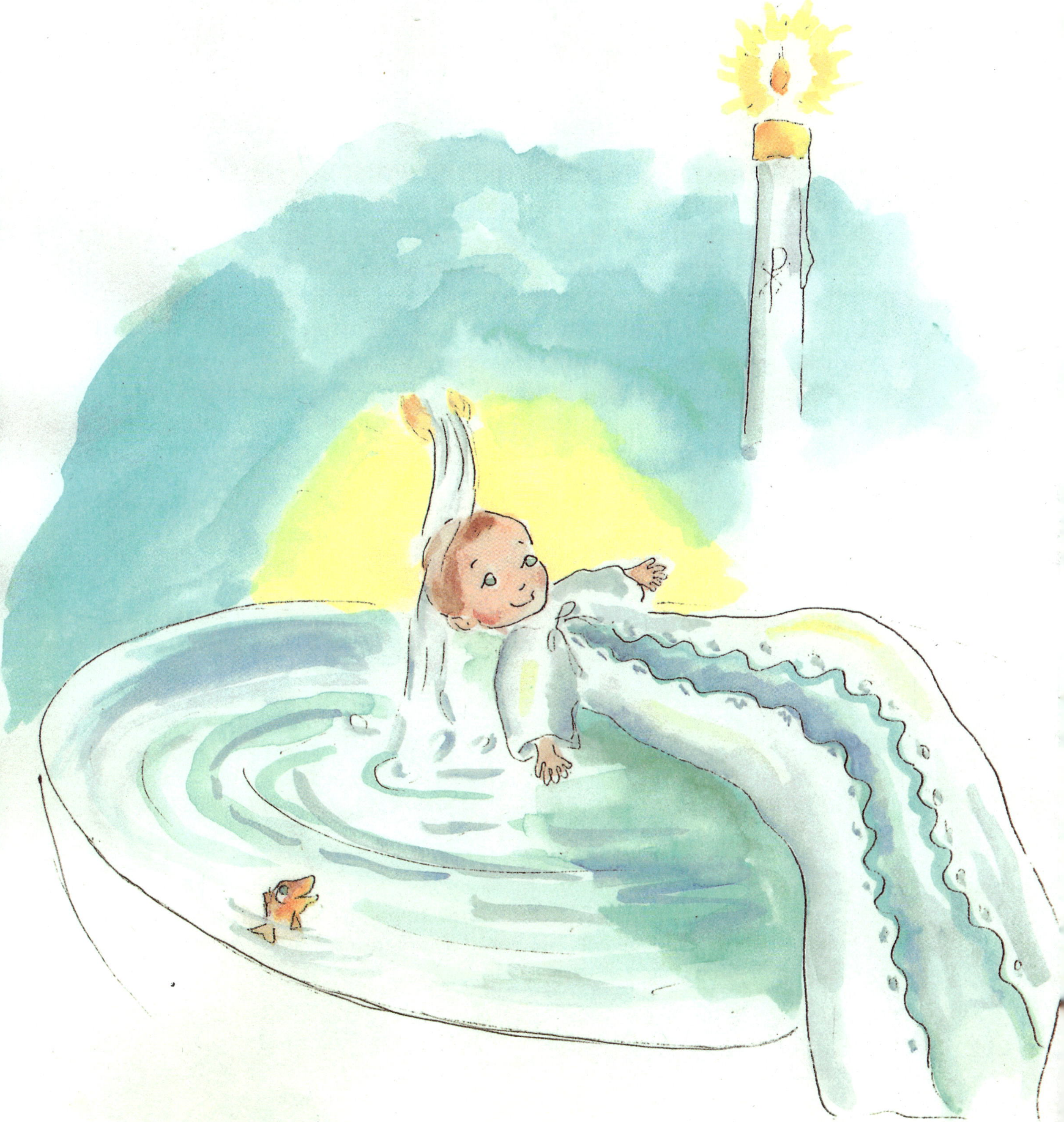

🍎 The priest explained that the Holy Spirit now dwelt in the child's soul and he truly was a child of God. The priest spoke to the parents and godparents of their duty to raise the child in the truths of the Faith so that he would grow in the love of Jesus and the grace which he received in the sacrament of Baptism.

The butterfly and the fish looked at each other happily. This little baby would never be unwanted, for now he not only had an earthly family, but also a large heavenly family, with God as his Father, Mary as his Mother and the Saints as his brothers and sisters. No, there was no reason to be sad. At this moment, this child had more than any creature on earth could hope to have!

THE END

🍎 *El sacerdote explicó que el Espíritu Santo habitaba ahora en el alma del niño y éste era, verdaderamente, hijo de Dios. El sacerdote le habló a los padres y a los padrinos de la responsa-bilidad de criar al niño conociendo las verdades de la fe, de manera que pudiera crecer en amor a Jesús y en la gracia que hab¡a recibido por medio del sacramento del bautismo.*

La mariposa y el pez se miraban felices. Este bebecito siempre sería querido, pues no sólo tenía una familia terrenal, sino una gran familia celestial - con Dios como su padre, María como su madre, y todos los santos como sus hermanos. No, no hab¡a razón para tristeza. En este momento, este niño tenía más de lo que criatura alguna en la tierra podía esperar.

FIN

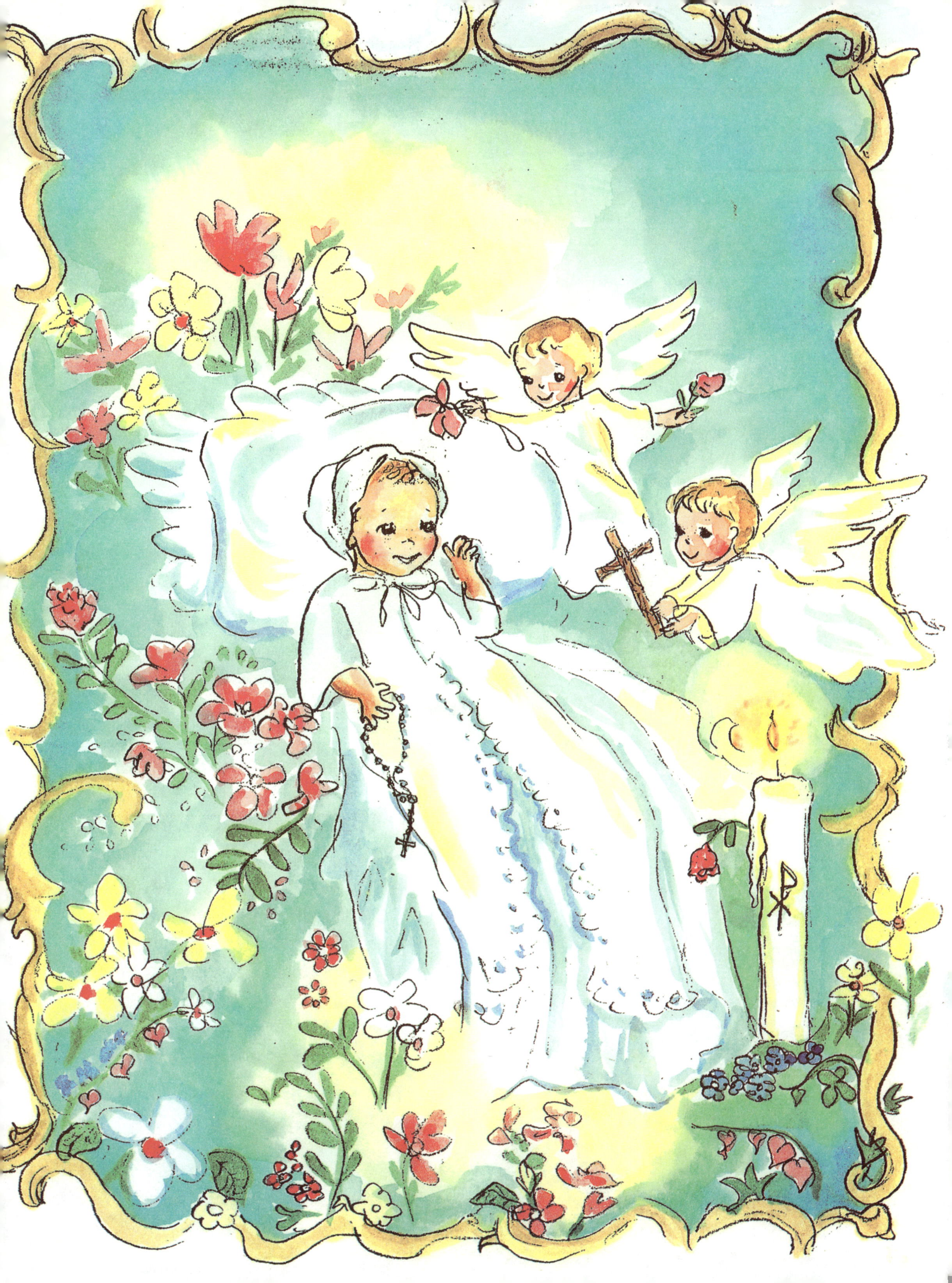

Baptism is birth into the new life in Christ. In accordance with the Lord's will, it is necessary for salvation, as is the Church herself, which we enter by Baptism.

The Most Holy Trinity gives the baptized sanctifying grace, the grace of *justification*:

— enabling them to believe in God, to hope in Him, and to love Him through the theological virtues;

— giving them the power to live and act under the prompting of the Holy Spirit through the gifts of the Holy Spirit;

— allowing them to grow in goodness through the moral virtues.

Thus the whole organism of the Christian's supernatural life has its roots in Baptism. (1265)

By Baptism *all sins* are forgiven, original sin and all personal sins, as well as all punishment for sin. In those who have been reborn nothing remains that would impede their entry into the Kingdom of God, neither Adam's sin, nor the consequences of sin, the gravest of which is separation from God. (1263)

Yet certain temporal consequences of sin remain in the baptized, such as suffering, illness, death, and such frailties inherent in life as weaknesses of character, and so on, as well as an inclination to sin that Tradition calls concupiscence.... (1264)

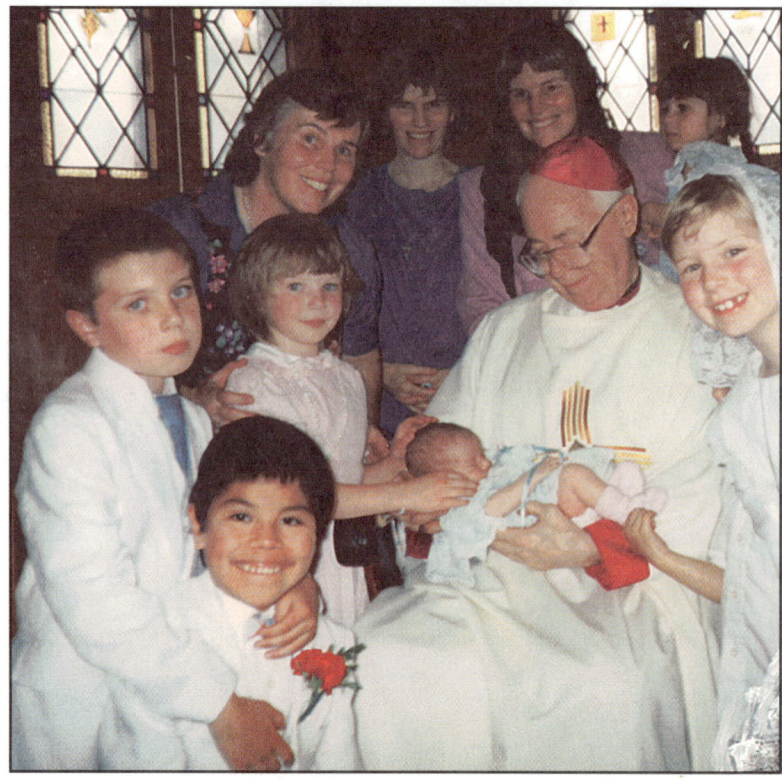

Lademans, Bells and Brindle's with Bishop Austin Vaughn holding Cecilia Lademan

Baptism is necessary for salvation for those to whom the Gospel has been proclaimed and who have had the possibility of asking for this sacrament. The Church does not know of any means other than Baptism that assures entry into eternal beatitude; this is why she takes care not to neglect the mission she received from the Lord to see that all can be baptized are "reborn of water and the Spirit."

God has bound salvation to the sacrament of Baptism, but He Himself is not bound by His sacraments. (1257)

Excerpts from the *Catechism of the Catholic Chur*

In Baptism we first receive the Holy Spirit into our souls. Our Lord has said, "Unless a man be born again of water and the Spirit, he cannot enter into the kingdom of God." (John 3, 5)

Baptism imprints on the soul an indelible spiritual sign, the character which consecrates the baptized person for Christian worship.

In case of necessity, any person can baptize provided that he have the intention of doing that which the Church does and provided that he pours water on the candidate's head while saying: **"I baptize you in the name of the Father, and of the Son, and of the Holy Spirit."** (¶1284)

Those who die for the faith, those who are catechumens, and all those who, without knowing of the Church but acting under the inspiration of grace, seek God sincerely and strive to fulfill His will, are saved even if they have not been baptized (cf. LG 16). (¶1281)

Since the earliest times, Baptism has been administered to children, for it is a grace and a gift of God that does not presuppose any human merit; children are baptized in the faith of the Church. Entry into Christian life gives access to true freedom. (¶1282)

With respect to children who have died without Baptism, the liturgy of the Church invites us to trust in God's mercy and to pray for their salvation. (¶1283)

Excerpts from the *Catechism of the Catholic Church*

Peter and Dana's love and sacrifice for God's little babies filled our lives with hope and joy and God's Mercy. We are and we will always be eternally grateful to you. We love you!

Joan, Susan, Miriam & family

Dana, Zachary, Philip, & Michael Lennox with Joan Andrews   Fall 1988.

Peter Lennox and boys with Joan.

The Klostermans
Rick, Carmen Ana, Christina, Eric, Victor, Anthony, David, Gloria Anne, and María

Our Spanish Translator

Carmen Ana Emmanuelli Klosterman was born and raised in Puerto Rico. She studied and majored in Math at Catholic University of Puerto Rico. She then moved to Maryland in 1979 and worked at NASA. Carmen Ana and her husband, Rick, both strong in the faith, are now residing outside Annapolis, Maryland. They homeschool their seven children and are raising them to be strong Catholics.

Traducido al español por

Carmen Ana Emmanuelli Klosterman nació y se crió en Puerto Rico. Estudió matemáticas en la Universidad Católica de Puerto Rico. En el 1979 se mudó a Maryland y fue a trabajar a NASA. Carmen Ana y su esposo, Rick, ambos sólidos en la fe, residen en las afueras de Annapolis, Maryland. Educan a sus siete hijos en su hogar, criándolos para que sean buenos católicos.

Precious Life Books Seven Sacraments Series

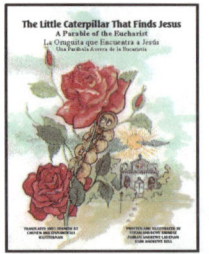

Eucharist    *Penance* 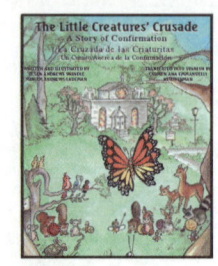   *Confirmation* 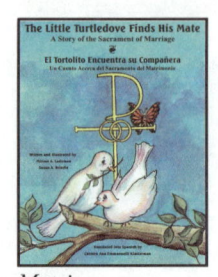   *Matrimony*

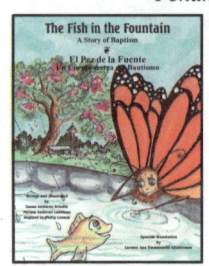

Baptism 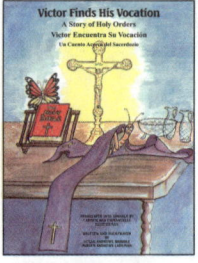   *Holy Orders* 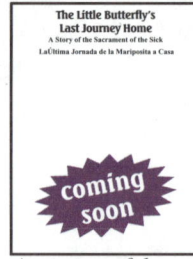   *Anointing of the Sick* (coming soon)

Pope John Paul II, Maria Brindle, Joan (Andrews) Bell with her daughters, Mary Louise and Philomena, and Chris Bell Castelgandolfo, Italy, July 30, 1998 — Pope's private Mass. Mary Louise is giving "Precious Life Books" to the Holy Father.

Stories of the Faith Series

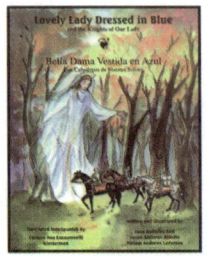

Rosary, Our Lady & Respect for Life    *Guardian Angels*    *A guide with traditional prayers* 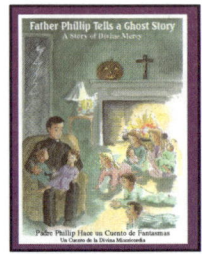   *Purgatory & the Mercy of God*

1-800-728-5945